反向教育

李飞 ● 编著　李欣芯 ● 绘

北方妇女儿童出版社
·长春·

图书在版编目（CIP）数据

反向教育 / 李飞编著；李欣芯绘. -- 长春：北方
妇女儿童出版社，2024.5. -- ISBN 978-7-5585-8528-9

Ⅰ. G78

中国国家版本馆CIP数据核字第20242BB598号

反向教育
FANXIANG JIAOYU

出　版　人	师晓晖
特约编辑	刘慧滢
责任编辑	井冠博
装帧设计	韩海静
开　　本	710mm×1000mm　1/16
印　　张	11
字　　数	103千字
版　　次	2024年5月第1版
印　　次	2024年5月第1次印刷
印　　刷	三河市南阳印刷有限公司
出　　版	北方妇女儿童出版社
发　　行	北方妇女儿童出版社
地　　址	长春市福祉大路5788号
电　　话	总编办：0431-81629600

定　　价	59.00元

前　言

什么是反向教育？

反向教育并不是一个新兴概念，早在200多年前，法国教育学家卢梭就已经在他的著作《爱弥儿》中总结出了一种非常有效的教育方式——如果孩子犯了错，造成了不良的后果，就让他亲身体验并承担这种不良的后果，这样他便能发现错误的本质，心悦诚服地选择正确的做法。这便是教育学中为人称道的"自然后果法"。

简单地说，当孩子犯了某种错误时，对孩子进行情境教育，通过沉浸式体验，使他认识到自己的错误行为带来的后果、错误产生的原因、改正或不改正错误将面临的不同结果，进而从思想根源上引导孩子自愿、自主、自觉地去解决问题。

自然后果法若是运用得当，效果着实出人意料的好。

只不过，中国的父母们习惯了"为孩子着想"，说着"你的任务就是好好学习，其他事情就不用管了"的话，包办了孩子的一切大事小情。与此同时，又把自己的一整套的规矩、要求、标准、想法统统强加给孩子，每天向孩子灌输各种各样的"不行""不可以"，以最大的努力去规范孩子的行为，使其朝着自己期望的样子去发展。

有些父母还算负责，会耐心地向孩子解释：为什么父母要求孩子这样做，这样做会给孩子带来什么好处；不这样做，会产生什么样的不良后果。

有些父母连解释都懒得做，当孩子有疑问时就不耐烦地甩出一句："我们说什么你照做就可以了，别问那么多了，我们还能害你吗？"

前车之覆，后车之鉴。父母们把自己一路走来所悟到的成长经验和社会规则总结成现成的人生法则，把它们传授给孩子，的确很有必要，也非常高效。孩子如果能够按照父母设计的方案成长，就算未来不能出人头地，也不会出现什么大问题。

问题是，他们愿意并且能够按照父母设计的方案走吗？

领悟往往与教训相伴相生，自然后果法带给孩子的直接经验，对孩子来说弥足珍贵。它或许相对低效，需要父母付出较多的时间和精力；或许成本高昂，需要孩子承受一定代价，也可能会带来长期的不良后果。从经济学的角度来看，的确有点儿不经济。然而，"纸上得来终觉浅，绝知此事要躬行"。不论是孩子还是成年人，只有跌过鼻青脸肿的跟头，受过记忆深刻的教训，才会真的长记性，才会深刻认识到事物的内涵与本质，领悟到某些规则的严厉性和重要性，才不会把别人的忠告当成耳旁风。正所谓，崴过脚的人，才知道要好好走路。

与此同时，孩子还能在挫折中学会思考，深刻自省，总结教训，形成经验，找出更优解……而这些，不恰恰正是父母这个时代，孩子们所缺少的东西吗？

基于这些考虑，我们为父母精心撰写了《反向教育》一书，本书以体验式教养为主题，以深刻的笔触、直抵人心的语言，结合广大父母提出的日常教养难题——习惯问题、性格问题、能力问题、学习问题、智能发展问题、心理问题、亲子关系问题等，提炼出了一整套适合现代孩子发展的教养理念与策略。

我们坚持找原因、讲方法，坚决拒绝泛泛而谈。在这本书里，你看不到高高在上、自以为是的说教，也找不到晦涩难懂的长篇大论，它的目的只有一个——与广大父母一起探讨孩子的教育问题，用简练易懂的语言总结现代家庭教育行之有效的新理念。

需要强调的是，每个孩子都有自己的特点，每代人都有每代人的教养方式，本书所讲的只是一种普遍适用的教养方法，但绝不是放之四海而皆适用的金科律令，父母朋友们还需结合自家孩子的个性与特点，举一反三，灵活变通，智慧教养。

目 录

第①章
培养时间观念

喊起床，特困难

孩子赖床怎么办

孩子呀，你有个臭毛病，妈妈真希望你能改正它！

你早上总是赖床，闹铃对你毫无作用，我每天早上千呼万唤，都不能把你从被窝里唤出来；等你好不容易磨磨蹭蹭起来了，穿衣服又像是在和谁拉锯似的。妈妈看着你的表演，血压总是持续升高。

孩子，你知道吗？这样的坏习惯不仅会影响到你的生活和学习，还会影响到你的身体健康，因为长期赖床对身体的伤害是很大的。

况且，你养成了赖床的习惯，时间管理一团糟，怎么提升学习成绩？将来参加工作后，又怎么获得业绩呢？

妈妈希望你能够意识到这个问题的严重性，尽快改正这个坏习惯！

有可能，他很困。

大多数早上赖床的孩子有一个通病——晚上睡得很晚。

晚睡的原因很多，最常见的是迷恋手机、电脑等电子产品，以及睡前玩刺激性游戏、看恐怖视频导致神经过于兴奋，使人不想睡觉或者睡不着。

有可能，他不想上学。

孩子受心智所限，并不能完全理解成人社会付出与获得的法则，对自己不喜欢做的事，会尝试用自己习惯的方式去解决问题，其中最常见的就是——逃避。有些孩子把起床上学当成"苦难的一天"的开始，所以他们假装睡不醒，就是不想起床去面对现实。

有可能，他不想离开舒适区。

这不是孩子独有的毛病，而是人性的弱点，就比如，温暖的被窝和冰冷的室外环境，换作是你，你怎么选？

原因找到了，纠正孩子赖床的习惯，从方法上说，并不困难。不过需要提醒孩子父母的是，要注意态度，因为你的态度越不好，孩子越不会配合你。

就这样教育他

方法一：阳光唤醒法

对于习惯晚睡的孩子，父母首先应该考虑的不是早上如何将他强行唤醒，而是如何让他在晚上 9 点之前安静入睡。

这里建议父母，在孩子入睡前一个小时，尽量避免让孩子接触各类电子产品，同时自己也要将手机、平板电脑暂时搁置。你要求孩子做的事，自己首先就应该做到。

与此同时，陪孩子一起做睡前阅读。这有利于孩子放松身心，减轻压力，改善睡眠质量，并缩短入睡时间。

早晨，当父母唤不醒孩子时，可以将窗帘拉开，让阳光照进来，让孩子充分感受阳光的明亮、耀眼与温暖。有了这么美好的感受，孩子想不醒都难。

方法二：游戏唤醒法

针对不想面对"苦难的一天"的孩子，父母不妨在唤醒程序中加入游戏元素。

比如：一边轻轻揉捏孩子的小手小脚，一边愉快地呼唤："叮铃铃，时间到了，小脚丫该起床了……"如此反复，保持耐心。

总之，就是要让孩子充分感受到父母是多么亲切、多么有趣、多么慈爱，当然，也可能他会觉得你很烦。所以在方法上一定要注意，要选择孩子平时喜欢与父母互动的游戏，尽量按孩子的习惯和喜好来。

父母的目的是让他觉得：美好的一天又开始了。

方法三：音乐唤醒法

这一招主要针对那些纯粹因为懒而赖床的孩子，就像图图妈那样，将孩子喜欢的动画片音乐设置为起床闹铃，给孩子制造一种突如其来的刺激。

一般来说，孩子一听到自己喜欢的动画片音乐，瞬间就会精神起来。

这个办法是调皮了一点儿，但真的有用，并同样适用于前面两种情况。

做一套题 3 个小时

孩子做题慢怎么办

孩子，你做题的速度真的很慢，你知道吗？

你看看你，一边写一边玩，每写 5 分钟就起来喝一次水、上一次厕所，或者抓一把零食！小动作真多，能不能集中精力把作业做完再去玩？

如果现在有人问我：这世间最让我无奈的事情是什么？我可能会说，是看着孩子做题。

孩子，你什么时候才能把学习效率提起来呢？咱们现在要是不解决这个问题，将来参加高考都有可能做不完题目。

为什么孩子一做题就变成"慢性子"？

有可能是孩子受到了外部干扰，比如他在卧室学习，你在客厅里逗狗或撸猫，或者一边看手机，一边大声说话。这就导致孩子注意力不集中，影响孩子做题的效率。

或者为了美观，你在孩子的书桌边放个鱼缸、摆些玩具或摆件，你为孩子提供了玩耍的便利，就不能只抱怨孩子边做题边玩了。

还有一个很普遍但经常被人忽视的原因——孩子没有学习计划，总是有做不完的题，导致孩子没有可以自由支配的时间。

于是孩子写得越快，做得越多，就感觉越累。那他为什么不把一套题做上1个小时呢？

就这样教育他

方法一：有要求，有奖励

给孩子定好要求：在某个时间段之内，完成定量的学习任务。任务要求务必清晰、直观，不太费力就能完成。

给孩子一个承诺：如果孩子保质保量高效完成任务，那么规定时间的剩余时间，以及接下来的半小时或一小时，可以由孩子自由支配。

对孩子提出表扬："孩子，你真棒！爸爸知道你只要认真去做，就一定能做到！""孩子，你优秀得让妈妈为你骄傲！"

送孩子一些小奖励：比如一个益智小玩具，一份精致的餐食，一些精美的小礼物，并且告诉孩子，这些是因为他完成了学习任务得到的奖励。

需要注意的是，父母的奖励一定要兑现，否则等于欺骗了孩子，不仅于事无补，还容易激起孩子的厌学心理。

方法二：只辅助，不干预

有的孩子的父母喜欢盯着孩子做题，一旦发现孩子写错一个字或者计算的结果不对，马上叫嚷："你这样做不对！你在想什么呢？你的脑子是怎么长的？"

试想一下，你在工作的时候，领导一直盯着你，稍有不对就骂骂咧咧地纠正你，你心里会是什么感受，这工作还能愉快地干下去吗？

事实上，孩子有时做题慢，是因为他注意力很集中，他在思考解题的不同思路，结果被你突然一嗓子给喊没了，孩子对你的不满可能就像你对领导的不满一样。

而且，父母这样做等于变相剥夺了孩子自主做事和尝试改正错误的机会。

所以说，父母在孩子做题时应保持这样一种觉悟——孩子是主角，父母只是个配角。如果孩子遇到解决不了的问题向父母请教，父母可以耐心引导其找到解题思路；如果孩子有独立提升自己的能力，父母就安静地做个旁观者好了。

方法三：完不成，有处罚

对孩子来说，习惯了父母在一边喋喋不休、骂骂咧咧之后，就会产生心理免疫——你尽管抓狂，我左耳进右耳出。要是把孩子逼急了，谁也不知道接下来会发生什么事情。

所以说千万别催，你累，孩子也累；别责骂，骂着骂着双方矛盾就激化了。如果孩子明知故犯且无意悔改，可以给予适当惩罚。比如：不能按时完成学习任务，周末的全家郊游就取消了。

在孩子在意的事情上做点儿文章，这样的惩罚对他来说是很有效果的。

怕犯错，不敢做事

孩子唯唯诺诺不敢做事怎么办

唉！我的孩子总是唯唯诺诺的，每次让他去做什么事，他总是畏首畏尾，瞻前顾后，犹豫不决，让我这个当妈的看了真心感到难受。

有时候，我也是百思不得其解，我和他爸爸都不这样啊！

我希望孩子能够勇敢一点儿、自信一点儿，做事不要害怕失败，勇敢去尝试，可是……

原因何在

孩子父母在教育孩子的时候，有时会陷入一个误区——怕孩子犯错误，更不允许和容忍孩子犯错误。

这样，孩子从小就害怕错误，拒绝错误，一旦他们犯了错误，首先要面对的常常不是错误本身，而是不能容忍他们犯错误的父母。

在父母的这种严苛要求和威压之下，孩子更加不敢面对错误，不敢主动做事情，或者做事时犹豫不决。

就这样教育他

方法一：给孩子容错的空间

一般情况下，孩子的求知欲和探索欲是非常强烈的，他们充满了好奇心，看到新鲜事物就会想要去探索。即使探索的方向错了，他们也不会轻易放弃，而是会换个方向继续探索或者向其他人请教。有时候，犯错误是另一种形式的学习，这种学习也可能会带来积极的结果。

但是，他们经验不够、做事不够专心、没耐心、能力不足，所以错误在所难免。当错误出现，父母应该理解并耐心地指导孩子，而不是张嘴就批评指责。孩子做错事，心中本来就有些忐忑，如此一来，他们更容易产生负罪感。久而久之，他们便会形成怯弱、自卑的性格。

父母应该允许孩子适当地犯些错误，给孩子容错的空间，他们才会在自己的求知世界中愿意去迎接挑战。

所以，当孩子犯错了，建议父母先问清楚具体的情况，如果是因为缺乏经验而做错了事情，那么父母就应该教他怎样做事；如果是因为好心做了错事，父母还要给予孩子充分的肯定，然后再进行正确的引导。这样的教育才会让孩子更有自信，更有独立性和责任感。

方法二：做得好要表扬，做不好别着急

父母要求孩子做某个任务，应该随时关注孩子完成任务的进度，一旦发现孩子有松懈的情况，应及时提醒他们；而当孩子认真完成任务

时，则应当及时给予表扬，鼓励其继续努力，争取下次做得更加出色。

鼓励时，孩子父母要具体告诉孩子哪一方面做得好、做得出色、值得赞许。

如果孩子表现得还不够好，那么，父母也不应该急躁。毕竟孩子的认知和坚持能力都还在磨炼和成长中。

注意，这时父母应该给孩子容错的空间，给予孩子引导和帮助，但决不能代替孩子去做事，只有让孩子在实践中认知成长，他们才能真正学到东西。

方法三：把握"限制"与"自由"的尺度

父母要允许孩子试错，同时也要把握好试错的尺度，在一定范围内给予孩子自由的选择权，保证让孩子既不会因为自己的错误伤害到他人，又能够按照自己的意愿去做事。

当孩子面临靠自身能力解决不了的困难时，父母仍需要给予孩子适当帮助。否则容易打击孩子的自信心，使孩子产生对于困难的恐惧心理。

事急他缓，没有紧迫感

孩子没有紧迫感怎么办

孩子总是没有紧迫感，懒散的样子随时可见，让妈妈头疼得不行。你看，就算上学快迟到了，他还在路上边走边玩，磨磨蹭蹭。

有时候妈妈真想吼他几句，可是又怕伤了他的自尊心。

我一直在想，是不是我作为妈妈也有问题？是不是我对他太宽松了？是不是我没有给他树立一个好榜样？我正在努力调整自己的态度，希望能够帮助他找到紧迫感。

唉，你们有没有遇到过这样的难题？

原因何在

拖拉，可能是孩子的习惯。

有些孩子说话缓慢、做事拖拉，但这不意味着他们就是"问题儿童"，那只是他们的行为习惯而已。

另外，很多孩子在成长过程中会经历一个所谓的"执拗期"，通常出现在 3 ~ 4 岁，他们会变得非常固执，喜欢按照自己的节奏和步骤做事，不愿意轻易改变。

这些情况都是孩子生命历程中的正常现象，需要孩子的父母给予他们更多的耐心和时间。

孩子拖拉，有可能是他不明白"快"的意义。为什么要尽快完成某件事情？

孩子体谅不到其他人对这件事的紧迫感，也不清楚快速完成这件事后会有什么更好的结果。所以，他为什么要那么快呢？

孩子的拖拉习惯，可能不少来自父母的教育。父母在教养孩子的过程中总是强调"尽力就好"，对他们的松懈、懒散视而不见，结果突然有一天要求他们快起来，这对孩子来说，有些强人所难。

就这样教育他

方法一：让孩子在规定时间内做完一些事情

孩子做事拖拉的一个重要原因是缺乏紧张感。因此，父母要根据孩子的实际情况，在生活中给他们制造一点儿紧张氛围，督促他们加快做事的节奏。

具体来说，父母可以让孩子在规定时间内做完一些事情，比如：规定日常洗漱、更换衣服、写作业的时间。如果没完成任务，他们将面临一些令其记忆深刻的惩罚。

方法二：让孩子对结果有期许

"你把这件事好好做完，才能下楼去找小明玩。"

让孩子知道，他把事情做好，才会有自由支配的时间。所以，做事不拖拉，越早做完，他可以自由支配的时间就越多。这就激励孩子自觉做事，对结果有期许，远比单纯的说教、督促的效果要好得多。

方法三：利用孩子的好胜心

当孩子做事拖拉时，父母可以尝试运用比较的方法来激发孩子的潜能。比如：孩子做题拖拖拉拉时，父母可以告诉他："听小林妈妈说，小林今天只用了不到 30 分钟就把作业写完了，你能用 30 分钟，甚至更短的时间把作业写完吗？我觉得你应该不比他差。"

或者，父母可以和孩子同时做一件事，看谁能够先完成，胜利者可以要求对方做一件事。孩子的好胜心非常强，好好利用一下，能产生很好的效果。

方法四：为自己的行为承担责任

"如果你还没有收拾好，那你继续收拾，九点半的电影咱们就不去看了。"

孩子拖拉，就要让他为自己的行为承担责任，要让他知道，自己的每一种不良行为都可能会让自己付出一些代价——"你可以固执，但后果自负"。

当然，这个"后果自负"一定要是孩子能够承受的后果，这样既能够改变孩子拖拉的毛病，又不会对孩子造成心理创伤。

第②章
强化自控能力

耐心不足，三分钟热度

孩子耐心不足怎么办

我家孩子做事只有三分钟热度，遇到困难不去想如何克服，而是马上放弃。你看，他玩个拼图，拼到一半就扔下不管了；他学个新技能，练了几次没进步，就嚷嚷着不学了。

这样的孩子真让我们头疼。

有时候我想说他几句，又怕打击他的积极性。毕竟他还小，不懂得做事需要耐心和坚持。可是，不打不骂，怎么改掉他这个毛病呢？

看到这样的他，我们做父母的真的着急。

一个没有耐心、不懂坚持的孩子，长大以后如何面对人生中的挑战和困难呢？

来自外界因素的干扰。

孩子的注意力通常比较分散，容易被外界因素干扰。例如嘈杂的声音、强烈的光线、令人不愉快的气味等。这些干扰会使他们失去做事的兴趣，转移了注意力。

安排的任务超出了孩子的能力范围。

有时候，父母给孩子安排过多的任务，超出了孩子的能力范围。这些任务可能会让孩子感到挫败和沮丧，因为他们凭自己的能力无法完成任务。在这种情况下，他们就会放弃尝试，因为他们觉得继续做下去，也不会有好的结果。

出于依赖心理。

有的孩子的父母喜欢包办孩子的事情，让孩子养成了依赖的习惯。他不愿意自己动手解决问题，而是习惯了等待父母来帮忙。这种依赖性可能会导致孩子缺乏耐心和自主性，因为他们知道会有人来解决问题，而不必自己努力。

就这样教育他

方法一：延迟满足

孩子要的，马上给他——很多父母是这样想的，也是这样做的。

事实上，无限制的满足并不是一件好事。在"有求必应"的教育环境下长大的孩子，他们的性格可能会慢慢变得急躁，不能理解父母的付出，做事由着性子来。

所以，父母在教育子女时，采取适当的延迟满足，是很有必要的。即，在孩子提出要求时，不要立即满足他们，可以缓一缓，或是提出附带条件，让他们接受。

在不断潜移默化中，这种操作方法就能提升孩子的忍耐力和抗诱惑能力，孩子也会真切地体会到父母的付出。

方法二：兴趣诱惑

贪玩是孩子的天性，父母可以利用这一天性来纠治他们的不良习惯。

进入游戏状态时，孩子的注意力更容易高度集中，其耐性和抗挫折能力也会相应增强。父母可以基于孩子贪玩的天性，通过他们感兴趣的游戏，结合学习知识，有目的、有计划地引导他们在益智游戏中培养自己的耐性。

这种方式比强制他们安静地坐几分钟更高效，而且不会引起孩子的反感。

方法三：明确规定

父母在孩子进行一项活动前，应让孩子对活动有所了解，并对他们提出要求。例如，在孩子们准备吃饭时，应该在开始做饭时就告诉他们，做完某件事就可以吃饭。然后，在孩子吃饭之前，检查他们的完成情况；如果做得不好，就延迟他们吃饭的时间。

总之，要让孩子正确认识按时完成任务的重要性和现实意义，使他们学会强制自己在规定的时间里耐心做事。

注意力不集中，上课总是开小差

孩子注意力不集中怎么办

孩子上课总是注意力不集中，完全坐不住，不是摸摸这个，就是看看那个，老师在上面讲课，他却在下面开小差。

这样下去肯定不行啊！我想帮他一把，可是又不知道该怎么做。我试着跟他谈过几次，提醒他上课要认真听讲，可是他总是说"知道了，知道了"，然后依然不改。

原因何在

可能与生理因素有关。

孩子们的大脑和身体各个器官都还没有发育到完备状态，他们很容易感到疲劳。一般来说，孩子学习 20 分钟左右，可能就会出现一次精神疲劳感，它的直接表现就是，孩子坐不住了。

可能是学习内容让孩子感到枯燥无味。

孩子所接受的学习方式或学习内容缺乏趣味性，而旺盛的精力又让他们无法安心听课，所以，他们就会开小差，在课堂上做小动作。

有可能是学习难度让孩子无法承受。

如果学习难度太大，孩子就会感到无从下手，甚至会产生畏难厌学情绪。为什么孩子在做自己喜欢的事情时，比如看电视、玩玩具、打游戏时，注意力就特别集中呢？因为这时他们感受到的是轻松愉悦和满足。

孩子做事时只有感觉好，才能做得好。

就这样教育他

方法一：对学习时间要有所控制

人的注意力是有限度的，父母可以想想自己长时间工作的时候是什么状态？同样，长时间的学习会导致孩子们对学习的注意力有所下降。为了保护他们的学习积极性，父母可以合理控制孩子的学习时间。比如，每次学习 30 分钟后休息 5～10 分钟。这样可以帮助孩子保持注意力集中并提高学习效率，也让他们有机会去做自己想做而没有时间做的事情。

方法二：对学习环境要有所控制

孩子学习时，父母需要为他们创造一个有利于保持注意力的良好环境，确保周围安静且无干扰。大人不要在孩子学习的时候在一边进行无关的谈话或播放手机、电视节目等。

同时，父母要提醒孩子，坐上学习桌之前，先喝水、上厕所，避免他们在学习期间跑来跑去，打断学习思路和转移注意力。这样坚持一段时间，便可以大大地提高孩子的学习效率，并促进孩子思考能力的提升。同时，也有助于孩子养成良好的学习习惯。

方法三：对自己要有所控制

父母的爱子之心可以理解，但爱心泛滥，会对孩子的学习产生负面影响。

比如，孩子正在聚精会神地学习，妈妈怕孩子饿，送去一点儿小食品；爸爸怕孩子渴，给倒一杯水，接下来，轮到了爷爷、奶奶，全家轮番上阵……

很显然，这些行为一定会打断孩子的学习思路，使他好不容易集中的注意力一次又一次转移到家人身上。在这样的情况下，别说学习了，孩子能够不带情绪，那就是他脾气好。

在家庭教育中，父母都应该有意识地控制自己的行为。在孩子遇到困难时，父母可以给予适当的鼓励和支持，但不要过度干预，更不要越俎代庖。在孩子独立解决问题的过程中，破解难题所产生的喜悦和自豪感，才是他们愿意自主做事的动力之一。

意志力不足，做事半途而废

孩子意志力不足怎么办

我怀疑孩子是不是有多动症，就拿做卷子这件事来说，他不是玩橡皮，就是在那抠手指；当他好不容易安静下来，结果又偷偷翻起了漫画书，这劲头儿真的是学习不能比的。

没办法，我只能盯着他，可是他却总是能找到各种借口脱离学习状态。比如，他会突然跟我说："妈妈，今天晚饭吃什么？"或者，"妈妈，语文老师说，明天要带新的习作本。"甚至，"妈妈，我跟你讲，我们班张罡今天出糗了……"

我这心啊，既生气，又无奈。

原因何在

可能是心理不成熟所致。

孩子对事物的认知往往只停留在表面层次，对事物的含义和核心原

29

则的理解，并不像大人那样深入和稳定。他们常有"只要我开心，我想做什么就做什么"的想法。所以他们的注意力很容易被其他事物吸引过去，坚守原则的能力相对较弱。而这在父母看来，就是做事半途而废。

可能是压力太大所致。

事实上，当成年人遇到困难时，或者当压力大到无法承受时，也常常会有逃避的想法。畏惧挑战，这是人性的一大弱点。

这种特性在不少孩子身上表现得更明显，所以当他们遇到困难或者挫折时，比成年人更容易逃避。

就这样教育他

方法一：小目标纠正法

帮孩子制定一个可以实现的小目标。这个目标应该具有明确的期限和具体的任务。例如，每天坚持练习 10 分钟的钢琴。当孩子达到这个目标时，及时给予赞美和表扬，帮助他们建立自信心并提高其积极性。同时，父母可以逐渐增加实现目标的难度和持续时间，以帮助孩子逐渐提高自己的意志力。

方法二：小游戏纠正法

如果孩子喜欢做手工之类的小游戏，那么，父母就可以给他提供良好的游戏环境，甚至可以专门为他划分一个区域，摆放好孩子做手工需要使用的工具，确保他们不需要到处找东西，不停地中断游戏进程。

这个环境应该尽可能地减少杂音，避免外界干扰，使孩子能真正地放松下来，专心致志地去"玩"。久而久之，便可以促成孩子沉浸式做事的良好习惯。

方法三：鼓励不能停

当父母发现孩子做事有半途而废的迹象时，应该及时给予孩子正确的引导，通过鼓励加以肯定，帮助孩子增强自信心，激发孩子迎难而上的勇气，培养孩子一往无前的执着品质，让他们明白，好的成果来自不懈的努力和坚持。

例如，孩子在画风景画，或者在努力地拼图，当他感觉自己做不到，想要放弃时，那么父母就对他说："我相信你，只要再坚持一下，一幅完美的作品就会出现在大家眼前。"

当孩子看到自己的坚持得到了回报，他们自然也就明白了坚持的意义。

方法四：约束和监督相伴而行

孩子的自我控制能力和行为管理能力相对较弱，所以光是鼓励还不够，父母需要从旁约束和监督他们的行为。

例如，父母可以和孩子做个约定，订立一个家庭规矩，每天如果能不间断地完成学习任务，那么可以看一会儿电视，或是玩一会儿游戏，甚至可以陪他打两把良性的电子游戏。对于这个约定，父母要严格执行，确保落地，时时监督，发现孩子有试图半途而废的苗头立刻提醒和纠正。

这样可以更好地帮助孩子掌控自己的行为，逐渐强化他们的自律性。

规划力差，做事完全没条理

图图做事经常一团糟……

放学以后，他说先要吃点水果填填肚子。

逆子啊！小卷还没写呢！

吃完水果他又说要运动一下促进消化……

重要

紧急　　　　不紧急

不重要

你以后把自己的事情按这个表归类好，然后按主次顺序去做，错一次，三天不准看电视！

必须让他深刻体验一下做事没条理要受到的现实惩罚。

就看半小时哦。

妈妈，我把小卷写完了，物品也收拾好，也刷过牙、洗过澡了，可以看电视了吗？

孩子做事没条理怎么办

问题来了

孩子做事情总是乱糟糟的，没有提前做好计划和安排，没有条理性，东一下西一下，凌乱得很。

比如，放学回家以后，他总是把书包随手一扔，跑去看电视或者吃东西了。等到要写作业的时候，他又开始到处找书包，折腾半天，才能找到书包拿出习题本。结果一看时间，嘿，晚上不熬点儿夜是写不完了。

每次我提醒他要做好计划，要有条理地去做事，他都是左耳进右耳出，完全不当回事。我看着特生气，又不知道该怎么办才好。

原因何在

独立做事能力差。

这种情况一般与父母日常的大包大揽有关，父母把什么事情都替孩子做好了，导致孩子没有机会学会自己做事情。孩子长期得不到锻炼，所以做事的能力较弱，甚至连自己对自己做的事情都不满意，有时更是心有余而力不足。

责任心不够强。

被父母宠溺的孩子，责任心会差一些，他们意识不到自己的不良行为会对自己以及他人产生不好的影响，也不知道要对自己的行为负责。再加上父母也没有及时对孩子进行提醒和纠正，久而久之，孩子养成了各种坏习惯。

就这样教育他

方法一：利用思维导图，确定主次先后

就像图图妈妈一样，父母应该帮助孩子设计一个思维导图，在这个导图里，什么事情重要而且紧急，什么事情重要但不紧急，什么事情紧急不重要但需要优先处理，什么事情不重要也不紧急，一目了然。

这个导图非常直观地将各件事情之间的轻重缓急关系表现出来，可以让孩子一下子看懂，知道自己应该先将紧急又重要的事情处理完，接着处理重要但不紧急的，再去处理紧急但不重要以及不重要也不紧急的事情。

方法二：分清类别，规划顺序

以思维导图为基础，教会孩子在处理问题时分清类别，科学规划好顺序，学会按顺序办事。

比如，父母可以与孩子一起讨论并分清类别，规划好整理房间的顺序——先整理书桌还是床铺，或衣柜？在这个过程中，父母要使孩子明白，按照怎样的顺序进行整理，效率会更高，每个步骤都要跟孩子讲清依据和原因。

当孩子领悟以后，父母便放手让他们去实践。记住，父母的角色是辅助人员，千万不要随意插手代劳。通过这种方式，孩子可以体验到分类方法和顺序的规律性。同时，父母还可以与孩子一起讨论和比较不同分类方法和顺序的优劣。

方法三：进入实操阶段，锻炼实践能力

通过家务劳动来培养孩子的实践能力，使孩子在做事的过程中逐渐掌握属于自己的合理节奏，也是避免"茫然无序"的有效方法。

例如，父母可以让孩子布置房间，将房间摆设得井井有条；教会并监督孩子将使用过的物品放回原处；晚上睡觉前，可以让孩子整理好书包，并准备好第二天上学要穿的衣服。

要使孩子养成做事有条理的习惯，最要紧的是父母要有耐心和恒心。父母应当善于抓住每一个教育的契机，及时跟进并进行适当引导。同时，父母也要帮助孩子克服惰性，督促他们今日之事今日毕，这是一件很费心力的持久工作。

第3章
诱发学习兴趣

不喜欢学习，没有兴趣

孩子厌学怎么办

问题来了

孩子不喜欢学习，不学习时还母慈子孝，一学习则鸡飞狗跳。这种抓狂的感觉，孩子的父母都懂吧？

父母能有什么奢望呢，只是希望孩子能够拥有一个好的未来。但是，孩子体会不到我的良苦用心。

我竭尽所能，想要提升孩子学习的积极性，但是，作用并不明显。孩子总是说："妈妈，你别逼我了行不行？"

听到孩子说出这样的话，父母是既伤心，又很无助。

原因何在

孩子的厌学情绪让许多孩子的父母苦恼，他们为了不学习，更是花样百出，而问题的根源，就是坐在一旁紧盯他们学习的孩子的父母。

比如，把孩子当成学习工具。

39

很多孩子父母就像得了强迫症一样，恨不得能让孩子一夜之间变成全能学霸。他们让孩子参加各种学习班，不管孩子有没有兴趣，只要求孩子按照自己的计划去发展。结果呢？

孩子被父母挟裹着，连社交和玩乐的圈子都没有了，无论是生活，还是学习都变得极其乏味。在这种情况下，孩子们要么反抗，要么逃避，父母的目的没达到不说，亲子关系也因此受到极大的考验。

又如，父母的偏见与傲慢。

很多父母只看到孩子不好的一面，过分关注孩子学得不太好的学科，却对孩子优秀的地方视而不见。他们认为孩子学得好才是理所当然，不允许孩子在学习上有不足和落后，一旦孩子学习成绩下降了，便横加指责，严厉呵斥。久而久之，孩子的学习兴趣和自信心就这样被打击没了。

再如，父母期望过高，压得孩子直不起腰。

有的父母喜欢给孩子设定大目标，抛开孩子的心智、情绪、能力不谈，反正就是要孩子成大器，否则父母就不满意！

父母眼高于顶，最终承受压力的却是孩子。在种种压力的作用下，孩子的心态失衡，厌学便在所难免。

为人父母期望孩子早日成才，出人头地，这想法符合情理。但是要考虑孩子的承受能力，不能一味地把父母的价值观强加给孩子，这很不理智。

方法一：给孩子一个看得见的小目标

就像看电视剧总想知道大结局一样，孩子也希望自己的努力能够得到回报。所以，父母可以设定一些短期目标，比如，这个月内英语成绩提高10分，或者每天完成一篇阅读理解。

要让孩子看到，只要努力，完成目标并不困难，完成之后还能得到一些小奖励，这样他才更有动力去学习。

方法二：给孩子制造一种"我是学霸"的感觉

孩子在学习上遇到困难时，很容易放弃。这时候，孩子的父母要学会"睁一只眼，闭一只眼"，忽略掉孩子的小缺点，把他们的优点捧起来，给孩子制造一种"我是学霸"的感觉。例如，他们背课文很快，那就大大方方地夸奖他们；他们做题有独特的思路，那就高调地赞扬他们。让孩子感受到学习带来的成就感和快乐，这样他们才会对学习产生兴趣。

方法三：给孩子一个"时间管理"的秘籍

如果孩子因学习进度太慢而自暴自弃，父母就要好好反思一下了。是不是因为孩子的时间管理能力不足呢？可以跟学校的老师沟通一下，让老师给一些建议。同时，父母可以教给孩子一些时间管理的技巧，比如，列一个学习计划表，或者将"番茄工作法"转化成"番茄学习法"，等等。让孩子们学会合理安排时间，他们才能提高学习效率。

不肯预习，也不复习

孩子不愿意复习，也不肯预习怎么办

孩子不复习，父母干着急。

孩子不愿意预习和复习。结果呢？成绩非常不稳定，遇到难题，课堂听不太明白，回家也不问我，结果成绩就忽高忽低，当然，也从来没有名列前茅。

大家都知道，预习和复习是学习的重要环节，可以帮助孩子更好地掌握知识，提高学习效率。但是，任你苦口婆心千言万语，他就是能够找到借口或事情回避过去。

我尝试过很多方法来引导孩子进行预习和复习，比如耐心地解释预习和复习的重要性，鼓励孩子一起制订学习计划，甚至用买新衣服来诱惑他，都没有起到太大的作用。

不愿意，是因为不明白其中的利害关系。

比如你跟孩子说，努力学习，将来才能有出息。对于孩子来说，问题来了——我为什么要有出息？有出息能给我带来什么好处？有出息很好玩儿吗？

以孩子的认知无法理解你的深意，和孩子讲大道理，犹如对牛弹琴。

所以你告诉孩子，预习、复习能够提高学习成绩，孩子也是一脸茫然，就像听天书一样。他们哪里知道预习与复习的重要性呢，而且又没有亲身经历过提高学习成绩带来的好处，当然就不愿意去尝试了。

事实上，父母时常觉得孩子不懂道理，这是因为父母讲的道理太宽泛，没有说明白，所以孩子根本听不懂，因为听不懂，所以没有听进去。

就这样教育他

方法一：让孩子自己制订方案

互联网上，育儿专家、热心父母们给出了很多种教育方法，这些方法看上去都很有道理，事实上也确实可圈可点，让人有种选择困难的感觉。别急，先别忙着照搬别人的方法，父母先好好揣摩揣摩自己的孩子吧。

每个孩子都有自己的特性，教育子女没有放之四海而皆准的方案，在别人家的孩子身上特别有效的方法，用到自己的孩子身上可能就毫无作用。

对于复习、预习而言，道理也是一样的。

也就是说，父母应该根据孩子学习的实际情况，适当调整复习与预习的强度，从轻松开始，逐渐强化。道理很简单，因为只要孩子觉得难度大，他很容易就会放弃了。

父母可以先询问孩子："你喜欢什么样的预习和复习方法？你可以提出建议，或者制订一个方案，爸爸妈妈和你一起按照方案执行，这样好不好？"

把选择权和决定权交给孩子，让他觉得是自己决定这样做的，孩子才会感兴趣。

方法二：由点到面，把知识连成线

新学的知识就像一颗颗珍珠，散落得到处都是，所以需要孩子用线把它们串起来。这就像是建立一个知识网。

父母可以引导孩子将学过的知识点进行整理和分类，帮助他们站在"统筹全局"的角度上，看看这些知识点之间的关系。这样一来，孩子不仅能看到每个知识点在课程整体中的位置，还能更好地理解和记忆这些知识点。

方法三：将零碎时间利用起来

复习时间不够？别担心，零碎时间也能发挥大作用。

课间十分钟、上下学的路上、自习课上……这些时间都可以用来复习。告诉孩子，不要把预习、复习和做题绑定在一起，零碎的时间也可以用来预习和复习。

父母这样做，不仅能够减轻孩子的压力，还能让他们学会更加高效地利用时间。记住，只要父母有心，哪里都是孩子预习与复习的好地方！

背不会，背会依然记不住

孩子记忆力差怎么办

孩子在学习上遇到了一个令人非常头疼的问题——记忆力差。

他总是记不住刚刚学过的知识点，或者在考试时无法准确地回忆起重要的信息。这让他感到非常挫败和沮丧，也影响了他的学习成绩和自信心。

可是，记忆力差，难道不是天生的吗？这让人如何是好。

我尝试过用一些方法来帮助他，比如买一些训练记忆力的玩具、图书，鼓励他练习强化记忆，有时甚至与他一起背书、背题。但是，几乎没什么效果。

我知道记忆力是可以通过训练和练习来提高的，大概是我的方法不对吧，说实话，要想改变记忆力差的问题，并不是一件容易的事情。

死记硬背，忘得飞快。

背不会，是因为方法不对。很多孩子在背诵时，就像在拼图，一个句子一个句子地拼，结果刚把第二句拼好，第一句就忘了！如此一来，首尾难顾，反反复复，时间大量浪费了不说，背的知识还一点儿也不扎实。

而且这种记忆方式非常伤脑筋，孩子耗费很大精力，大脑非常疲惫，记忆效果却不好，他自然就厌恶背诵了。

技巧全无，难度爆表。

在孩子还没有掌握技巧的情况下，父母却给了孩子超越年龄的任务，恨不得孩子三岁背会唐诗，五岁能写千字文。结果，孩子们努力地背啊背，却总是效果不佳，甚至都开始怀疑自己："我会不会是记忆力太差了，为什么我就是背不会呢？"

这时候很多父母也跟着贴标签："这孩子忘性真大！"

好嘛，这让孩子觉得，既然我天生记忆力差，我还背它干吗？

就这样教育他

方法一：找到原因，打开心结

孩子背不会或者不会背，一定有原因。无论是什么原因，都需要孩子父母仔细、认真地去挖掘隐藏在表象背后的真相，正确解读孩子的心理，才能精确帮助孩子解决问题。

比如，孩子背诵国学很吃力，很可能是如下原因导致的：

（1）孩子读不太懂，所以背不太会；

（2）孩子觉得晦涩枯燥，所以毫无兴趣；

（3）孩子觉得对于实际生活没有多大用处，所以不喜欢背；

（4）孩子对批量式的任务反感至极。

那么针对（1）（2）类型的孩子，着重点就是教会孩子理解，孩子只有懂了，学习才有趣味；

针对（3）（4）类型的孩子，应该先减轻孩子的压力，再诱导他们的兴趣，要循序渐进，还要有方法、有手段，不可操之过急。

方法二：理解记忆，轻松搞定

孩子父母必须引导孩子先学会精读背诵内容、理解内容，这时，孩子有了一个初步印象；然后，再帮助孩子理解内容的逻辑与层次，给孩子建立一个二次印象。

孩子有了阅读与理解做基础，有了层次递进的逻辑思维，再去背诵，就容易多了。不仅文科，理科的定理、公式以及历史、地理等知识，都适合使用这种方式。

方法三：限时记忆，欢乐游戏

父母还可以与孩子做一些愉快的、互动性记忆训练，不仅能够有效提高孩子的记忆力，还能增进亲子沟通与感情。

例如，在5分钟内，与孩子一起记忆一串随手写下的长长的数字，看谁快，看谁厉害；在3分钟内，记忆20个世界名人；在2分钟内，默写20个英文单词。

这样的游戏孩子很喜欢，而且不知不觉中就完成了一次次记忆训练和知识掌握。

能少写，绝不多写一个字

孩子不爱动笔怎么办

如果老师说："同学们，作文起码要写一页半哦。"

我家孩子要是能写上两页，就是太阳从西边出来了。常常是，一篇作文原本写得好好的，一到规定字数，马上给你来个急刹车，敷衍式结尾惨不忍睹。

你说作文字数多，孩子嫌累不爱写，那数学呢？

笔算、验算，千叮咛万嘱咐，可人家就对自己的脑子谜之自信，能口算绝不笔算，不能口算，也尽力不去笔算。

低年级还好，多数运算用口算勉强可以应对，可到了四年级，几百几千的乘除法，他硬是在那里口算，半天算不出一道不说，那错误率，简直惨不忍睹。

在孩子很小的时候，常常被父母要求在亲友面前表演口算和背诵；在幼儿园时期，老师们也着重培养孩子的口算和背诵能力，这就给孩子造成了一种错觉——会口算和背诵是一件非常酷的事情。相比之下，笔算和抄写在孩子看来，就显得有些低端了。

这种思维成了惯性，使一些孩子对口算和背诵情有独钟——我会口算、我会背诵就行，为什么一定要写出来？难道将来不管去哪里办事，都要拿个小本本写写算算吗？

除了这种思维惯性之外，孩子不爱动笔，还有一个很普遍的原因——懒！

就这样教育他

方法一：晓之以理，动之以情，诱之以利

为什么不愿意写？除了不感兴趣，还有懒。当然，有些孩子也可能是书写能力差，父母没注意，问题一直存在，久而久之，孩子对书写没了信心。

那么怎么办？父母可以这样说：

"孩子，爸爸妈妈知道你不愿意写字，可是，这是你作为学生的责任，你也不想自己成为一个不负责任的人对不对？"

"是的，写字的确有点儿小无聊，还有点儿累人，可是它能给你带来很多好处，比如……"

"相反，如果你一直不愿意写字，它会给你带来很多坏处，比如……"

"这样吧，如果你能把今天的作业写完，作为奖励，妈妈陪你去看动画片好不好？"

——动之以情，晓之以理，诱之以利，给孩子讲明利害关系，送出鼓励和建议，而且在孩子看来，好像是他自己做出的选择。

方法二：步步为营，潜移默化

孩子不想写字，不愿意写字，父母拎着小戒尺，告诉他：必须写，写不好重写，写不完不准吃饭，写不好还写不完，信不信我揍你！

就算孩子这次迫于父母的压力，良好地完成了任务，但他一定会对写字产生排斥情绪。小孩子往往就是这样，大人们越是强烈要求他们做的事情，他们越是不愿做。因为他们觉得，"我是给你做的！"

所以说纠治孩子不爱动笔写字的习惯，不要急功近利，一上来就来个"魔鬼式"训练。最好的办法是由易到难、由浅入深，先让孩子觉得应对起来很容易，再不知不觉一点一点提升书写量，使用这种"润物细无声"的方式，孩子才不至于强烈排斥写字。

方法三：将书写与快乐联系在一起

孩子非常在意父母的评价，如果父母总批评他写不好，或者认定他就是写不好，他就一定不会好好写。所以，父母应该反其道而行之。

即使他写得不好，父母也可以表扬他：比之前还是有进步嘛！

如果他写得好，父母可以把这一页贴在墙上，并告诉他凑满多少张后会有奖励。

有了赞美，有了奖励，书写就和快乐联系在一起了，孩子才会把写字当成一件趣事来做。

第4章
纠治不良习惯

马虎大意总出错

孩子粗心、马虎怎么办

孩子，妈妈写这个便条，是想和你谈一个让我有些担忧的问题——你的粗心、马虎。我知道你可能没有意识到这个问题的严重性，但是作为你的妈妈，我觉得有必要让你知道，这个问题需要被认真对待。

孩子，你知道吗？粗心、马虎不仅会影响你的学习和生活，还会影响你的自信心和责任感。当你因为粗心而做错事情时，你会感到沮丧和失望，这会让你对自己的能力产生怀疑。而当你因为马虎而没有完成任务时，你就会失去别人的信任和尊重。

孩子，妈妈希望你能够认真对待这个问题。我也相信你一定能够克服这个问题，成为一个细心、认真、负责任的人。记住，无论遇到什么困难，妈妈都会在你身边支持你、帮助你。加油！

原因何在

孩子粗心大意，他的父母会说："这孩子天生大大咧咧、马虎大意，真没办法。"

事实上，孩子粗心大意的真正的原因，可能是父母的教育方式出了问题。

孩子可能并不是不想做好，而是他们的大脑发育尚未完全，能力还未达到父母期望的水平。而孩子每次犯错误，父母却在不断责备他："你脑子里装的是什么啊？你这个大马虎！"

想一想，你有没有在孩子耳边反复地强调去做或是一定要做好某件事？这种唠叨会让孩子很烦，甚至和你对着干，从而应付了事。

父母的一句话、一个眼神都可能会对孩子的心理产生深远的影响。所以，父母不要反复地对孩子说："你很粗心，你太马虎！"这种负面的评价可能会让孩子认定自己就是马虎的人，并且改不了了。

就这样教育他

方法一：少插手，多指教

父母不必过分担忧孩子粗心大意造成的后果，应尽量避免替孩子善后，以免助长孩子的依赖性，让他们觉得，即使犯了错误也没关系，总会有人替他们善后。

正确的做法是，父母应引导孩子学会自主检查，从而提升他们的自理能力，这种自我矫正对马虎大意的孩子来说是一种有效修正。

方法二：找不足，补全它

有些孩子并不是真马虎，他们只是为了遮掩自己在某一方面能力上的欠缺，自作聪明地把马虎当成"遮羞布"，用来抵挡所有关于他能力或者努力的质疑。

究其根源，是他们习惯了大人的夸赞，不愿意承认自己的不足，他们要努力维持自己很聪明的形象。

这时父母要做的是，重点关注他们经常马虎的地方，这个地方大体上就是他们的不足之处，父母不妨找到它，并协助、引导孩子补全自己的不足。

方法三：注重孩子的逻辑能力培养

有些孩子在运用逻辑思维时，就像是在走迷宫一样，总是找不到出口。例如，题目说"四班比二班多买了16盆花，求二班买了多少盆花"，如果孩子理解错误，父母会觉得，是孩子审题马虎导致的失误。

事实上，这可能不是孩子不认真思考，也不是他们不想做好，而是他们在对比、类比等逻辑运算方面没有找到正确的方法。他们可能会忽略掉"比二班多"这个重要的信息，理解成"二班多买了"，结果就把题做错了。

解决这一问题，孩子的父母可以通过图解、刷题训练等方式，帮助孩子强化逻辑思维。就像是在迷宫中设置路标一样，帮助孩子找到正确的路径。

无法直视的邂逅

孩子特别邋遢怎么办

我家孩子实在是太邋遢了。

每天回家，他的衣服都是脏兮兮的，鞋子也不知道在哪里踩的泥巴。进屋以后，就开始衣服鞋子乱扔，一瞬间整洁的房间就变得乱七八糟。我每天都要跟在他后面收拾，感觉特别心累。

你们家里也有同款孩子吗？他们长大以后会不会突然自己就爱干净了？

原因何在

孩子为什么会邋遢？原因有很多，主要是因为父母过于热心地为孩子提供服务，像小蜜蜂一样围着孩子转造成的。

比如，孩子每次吃完饭后，都会用手把嘴巴随便一擦。可是，父母看到后非但没有严厉喝止，并认真告诉孩子这样做是不对的，反而帮孩

61

子把脸和手都洗了。那么，孩子以后大概率还会这样做，因为他们没有意识到自己的行为是错误的。

父母的过度帮助，对孩子的成长没有一点儿好处。

还有一种情况，父母中的一方或者两个人都很邋遢，孩子耳濡目染，有样学样，自然就会认为，邋遢只是生活的一种方式，无关紧要，无伤大雅。

就这样教育他

方法一：定规矩，守规矩

没有规矩，不成方圆，家中同样需要有规矩。比如，东西必须分类整理，不准随意乱放，脏袜子要放到指定的"小窝"，每天早晚必须执行的项目就是刷牙洗脸，饭前便后必须来一场"洗手舞"。

规矩有了，父母还要带头遵守，并时常激励孩子："宝贝，你今天洗得真干净""宝贝，你今天做得真棒。"父母做好榜样，孩子们自然有样学样。

方法二：做记录，会激励

良好的开始是养成习惯的开端。为了让孩子养成良好的习惯，父母可以和孩子共同商议，制定一个规范行为的表格，每天为孩子做好记录，就像打卡一样，每完成一次，就给他一个小贴纸记录，一周做一次总结，看看孩子一周的表现，然后给他一些小惊喜或者小奖励。这样他的好习惯就能慢慢培养起来啦！

方法三：不合格，要惩罚

孩子经常乱扔东西或者不讲卫生，很可能是没有在生活中培养出秩序感。

父母要做的是使孩子明白，物品的摆放就像拼图一样，每一部分都有其固定的位置，每一样物品也应当有它的归属地，而垃圾更应该投放到指定的地方。孩子靠自律维持的秩序感一般不会天生拥有，它需要父母耐心地加以引导和教育。

面对孩子的不良生活习惯，孩子的父母应该拿出明确的态度。当孩子没有按照规定放好物品或随意乱扔东西时，应当给予他一定的惩罚，让他明白他的做法是不对的。当然，惩罚的方式和程度要根据孩子的年龄和性格来适当调整，既要让他反省自己的错误，又不能伤害他的自尊。

而当孩子做得很好，比如用完后主动把东西放回原位，或者能注意保持环境的清洁时，父母也应该及时地给予他一些小奖励或者正面的反馈。这样不仅能让他知道他的做法是对的，还能让他体会到维持一个干净、整洁的环境的重要性。

通过父母的持续引导和正反两面的反馈，孩子会逐渐地建立起自己的秩序感，学会维持一个美好的生活环境。而这一切，都需要孩子父母的耐心和坚持。

零食吃不停，正餐吃不下

孩子迷恋零食怎么办

问题来了

孩子最近真的让我有点儿烦心。他迷上了吃零食，每天都要吃好几包。结果到了吃饭的时候，他就没有胃口了，变得越来越挑食。如果这样持续下去，他的身体健康状况肯定会受到影响的。

再说了，现在的有些零食，能够放心给孩子吃吗？

问题是，如果坚决不准孩子碰零食，好像也不妥，当别的孩子吃零食的时候，难道他就眼巴巴地望着？这样做，我又怕对孩子的心理健康产生影响。一个没有零食陪伴的童年，好像也是不完整的。

我现在左右为难，不知如何是好。

原因何在

孩子处于身体的成长阶段，所以他们有些贪吃，但很多时候，孩子对于食物好坏的辨别能力不足，抵抗诱惑的能力更是让父母难以放心，这就造成了孩子对零食的情有独钟。

说到底，产生这个问题的主要原因，还是孩子的自控力差。一些零食生产厂家也恰恰抓住了孩子的这一特点，无论是零食的口感还是包装，都在努力地吸引孩子的注意力。换句话说，就是极力诱惑孩子，利用孩子本身自控力不强，又好奇心极重的特点，让他们无法抵挡零食的诱惑。

就这样教育他

方法一：可以吃，但要听我的

能不能杜绝孩子吃零食的习惯？不太可能。那么，父母可以换种策略和孩子打交道——"可以吃，但吃什么必须听我的"。当然，这里需要的是沟通与协商，而不是强制孩子接受父母的要求。

父母应尝试与孩子进行积极的对话，通过与孩子进行开放而真诚的讨论，理解孩子的需求和欲望，以此为基础，扮演好引导者的角色，为孩子提供合理的建议和选择。

首先，父母应该使孩子明白，吃太多的零食不利于身体健康，以及父母为什么要管他们吃零食。

双方达成共识后，就可以制定出吃零食的规矩。这些规矩应明确吃零食的时间和种类。比如，父母可以规定在两餐之间的时间段吃零食，并且每次只给他少量的零食。这样的安排既能满足孩子对零食的需求，又不会影响他们吃正餐的食欲。

方法二：既然吃，就选健康的

既然无法避免吃零食，父母就尽量使孩子做到健康吃零食。例如，饼干和面包类零食最好选择苏打饼干或粗粮类；在时间上，可以在早上和下午两个时间段，给孩子选用一些高蛋白类食品，特别是坚果、牛奶等，可以补充孩子的大脑营养消耗。

同时，在给孩子挑选零食时，要选择可以保证品质的，还要注意查看产品生产日期和保质期，确保食品安全。

方法三：一起吃，发挥零食正向作用

父母应该帮助孩子认识到零食并不能替代正餐，而是作为正餐之外的一种补充。父母可以与孩子一起探讨零食的种类、成分以及对身体的影响，让他明白零食的意义和作用。

同时，父母还可以通过零食的社交属性来发挥其积极意义。孩子们在社交场合中分享零食，可以增进彼此之间的友谊。通过这种方式，孩子们不仅能够学会与人分享，还能培养他们的社交技巧和自我控制能力。当孩子们懂得恰当地与他人分享零食时，他们便能够更好地控制自己的欲望，从而在社交场合中表现出更为成熟和得体的行为。

第5章
逆商强化训练

依赖心严重，没有独立意识

孩子依赖性极强怎么办

我家那个小家伙，依赖性真的太强了。

每天都得陪着他，一刻都离不开。无论是吃饭、穿衣还是睡觉的事，都得我亲自操办。有时候我只是想稍微休息一下，他就开始闹腾，真的让我感觉特别累。

我也知道，孩子依赖性强，其实有我的原因。可能是我平时太宠他了，什么都想替他做好，导致他现在没有独立生活能力。但是，每次看到他那么无助的样子，我又实在狠不下心来放手让他自己照顾自己。

大家给我出出主意，怎么做才能让他自觉自立起来。

原因何在

原因之一，孩子对于舒适和安逸的追求。

有些孩子就像小狗依赖主人一样，喜欢依赖父母，这可能与他们的生活太舒适有关。就像很小的时候需要妈妈喂饭、扶着走路一样，他们习惯了父母长期的照顾，形成自己的"舒适区"，自然就丧失了独立自主的意愿。

原因之二，孩子用依赖吸引父母注意。

有些孩子会利用依赖来吸引父母的注意，就像那些看到大人走过去却不抱他、因而大哭的婴儿，他们喜欢这种关注度和占有欲，这种心理在独生子女身上表现得更加突出。

原因之三，父母无处不在的控制。

有些父母性格强势，喜欢为孩子安排好一切，不给孩子选择的机会。他们的理由也很充分："我都是为了你好，你必须听我的！"

长此以往，孩子形成了依赖父母做事的习惯，至于他们自己真正想要什么，大概他们自己也不知道。

就这样教育他

方法一：适当放手，少干预

要使孩子学会独立，父母首先要学会适当放手。就像孩子当初想学着自己吃饭一样，虽然一开始可能会弄得满地都是饭，但用不了多久，他就学会自己吃饭的技巧了。

请父母别时刻围绕着孩子转，就算发现孩子做得不够好或者出了差错，也别急着指指点点。记住，父母对孩子要少点儿干预，多点儿信任。这样，孩子才能真正学会独立。

方法二：给孩子一个"独立乐园"

要让孩子真正学会独立，有一个专属于他的小天地是必不可少的。父母可以为孩子精心打造一个"独立乐园"。从挑选家具、墙纸，到选择玩具和书籍，都要符合孩子的喜好，让孩子参与其中，一同设计他的小世界。这样，孩子不仅能逐渐爱上自己的小空间，还能培养他们的审美和决策能力。有了这样一个舒适、充满乐趣的环境，孩子们自然会愿意花更多时间在其中，不再时刻依赖父母。这样不仅能促进孩子的独立性，也有助于增强他们的自信心和创造力。

方法三：短暂的离别效应

如今，各地都有针对中小学生推出的夏令营或游学营，父母们可以从中挑选出信誉良好的夏令营或游学营，让孩子在寒假或暑假离开家庭环境独立生活一段时间。这样的短暂别离，虽然会让父母有些想念，但实际上是培养孩子独立生活技能的绝佳机会。在营地中，孩子们不仅能学习到如何与他人和谐共处，还能锻炼自己的团队协作能力，最终在日常生活中逐步减少对父母的过度依赖。这种体验对孩子的成长是非常有益的。

方法四：父母扮演一下"弱者"

"孩子，妈妈遇到难题了，你快来帮帮妈妈！"这是一种巧妙的引导方式，可以让孩子在为父母"排忧解难"的过程中产生成就感和自信心。当孩子发现他能够独立处理很多问题时，他的表现欲会越来越强，在潜移默化中就摆脱了对父母的依赖。

承受能力差，完全输不起

孩子输不起怎么办

问题来了

我家孩子，真是输不起呀！

每次跟他玩游戏，只要是输了，就开始发脾气、哭闹。前几天跟小朋友一起下棋，明明是自己技不如人，结果输了就开始耍赖，还把棋盘都掀翻了。真的让我感觉好失望。

有人说，孩子好胜心强，未必是坏事。但好胜心也要有个限度吧，这样下去，他长大以后如何面对挫折呢？后果让我有点儿不敢想象。

原因何在

可能是因为孩子常被过度夸赞。

基于对赏识教育的认可，有的父母对"赏识"执行得非常到位，无论是孩子自己穿上外套还是主动吃一口饭，都会得到"宝贝真聪明""宝贝真棒"的称赞。然而，过分的"赏识"和频繁的夸赞可能会误导孩子，让他们产生一种无所不能、优越感十足的错觉，而缺乏应对挫折的能力。一旦在与小伙伴的竞争中失去优势，或者受到他人的批评，他们可能会难以接受这种心理的落差。

也可能是因为孩子欠缺"心理弹性能力"。

在孩子"输不起"的背后，其实反映了孩子欠缺一种"心理弹性能力"。这个词语听起来可能有点儿高大上，但实际上很简单，形容人的心理就像弹簧一样，受到压力时会压缩，但一旦压力消失，它就会迅速恢复原状。当孩子们面对困难时，如果能积极应对、迅速恢复，那就是具备良好的心理弹性；相反，如果孩子一遇到困难就自暴自弃、难以恢复正常，那就是心理弹性能力不足。

就这样教育他

方法一：培植正确的输赢观

想让孩子正确看待输赢，父母首先要树立正确的输赢观。在孩子取得胜利时，不要过分夸大他们的成就，给他们适当的表扬即可；在孩子失败时，也不要过度批评或惩罚他们。

父母要做的是，帮助孩子分析失败的原因，鼓励他们再接再厉。

方法二：暖心回应与支持

当孩子面对失败时，无论是比赛还是日常小挫折，应避免使用消极或斥责的语言打击他们，作为父母，要迅速且正面地给予回应，让他们深深感受到父母的关心与理解。其实，一个简单的拥抱、亲吻，或者轻柔的安抚都能让他们明白，父母懂他们的感受。父母可以轻声地说：
"孩子，心情不好的时候就哭一哭，没关系的，父母会陪着你，一直在
这里。"让孩子知道，不论自己是成功还是失败，父母都是自己坚实的
支持者。

方法三：提供切实的帮助

在孩子遇到挫折的时候，不要简单地告诉他们"没关系，可以再来
一次"，这样的回应可能会让孩子感到茫然无措。父母应该轻声询问孩
子，是否需要父母的帮助。

如果孩子愿意尝试再次挑战，父母可以给他们提供一些提示或建
议，帮助他们从不同的角度思考问题；如果他们确实无能为力，父母可
以提供一些实际帮助，引导他们找到解决问题的方法。

方法四：在失败中磨炼

父母在与孩子玩游戏时，可以故意输掉比赛，并对他们说："祝贺
你，你赢了，但我只不过输了这一局，我们可以再来一局！"这可以使
孩子明白，输赢只是一个结果，并不是结局，输掉比赛也不意味着失去
尊严或价值。

当然，父母也不要总是让着孩子，也可以尝试性地让他们输掉一些
比赛，在锤炼他们抗挫折的能力的同时，也要让他们明白"天外有天，
人外有人"的道理，使孩子意识到，总会有比自己更强大的对手，有些
失败在所难免。

同时，父母也要在实践中引导孩子学会反败为胜。

极其玻璃心，敏感又爱哭

图图，你怎么了，怎么把自己关在屋子里？

牛牛说我没有爸爸，为什么爸爸不回来呢？

爸爸为祖国守边疆，他是真正的男子汉，图图应该向爸爸学习。

崇高感是孩子无法抵御的，给孩子输入崇高感，这种感觉可以让他自主去抵御自己的玻璃心。

爸爸守护国家，我帮爸爸守护妈妈！

孩子玻璃心怎么办

我家的孩子是个"玻璃心"。

你知道吗？有时候就是一点点小事，小到不能再小的事情，就能让他情绪崩溃，大哭大闹。那眼泪啊，就像断了线的珠子一样，止都止不住。看着他那样，我心里真的五味杂陈。

有时候，我跟他说了一些稍微重一点儿的话，他那眼神啊，就像被全世界抛弃了一样，眼泪汪汪地看着我。那一刻，我真的感觉是不是自己做错了什么，是不是话说重了，伤害了他幼小的心灵。每次这样，我心里都充满了愧疚和无奈。

真的，玻璃心的孩子让人既心疼又担心，但我却不知道怎么帮助他才好。

可能是挫折经历得太少。

许多父母将孩子视为掌上明珠，极力避免他们受到任何打击和伤害。然而，从孩子接触社会开始，他们就不可避免地要面对各种困难和挫折。父母的过度保护，本意是爱，但实际转化成了溺爱。溺爱使孩子习惯了父母的庇护，无法承受一丁点儿委屈，最终造就了他们脆弱的"玻璃心"。

也可能是打击经历得太多。

有些父母信奉"打击式"教育。孩子兴高采烈地跑来告诉父母自己取得的进步，他们却拿着放大镜挑刺。孩子的自信心瞬间就被打击得七零八落，觉得自己在父母眼里一无是处一样。而当一个人觉得自己"低价值"时，他就会变得特别敏感脆弱。

就这样教育他

方法一：培养孩子的自信心与安全感

化解孩子的"玻璃心"，首先要确保他们心理上的安全感。

孩子的"玻璃心"，常是因为他们缺乏安全感，就像图图，他觉得爸爸可能不爱他了。

对于这样的孩子，父母要及时给予他们必要的安慰，引导他们正面看待生活中的挫折，将其视为成长的一部分。

生活中，父母也要不断地向孩子传递爱与支持，确保他们知道无论面对何种困难或挑战，都有父母在背后坚定地支持他们。

方法二：点燃孩子的梦想，给予精神支持

我们常常被内心深处的目标和理想驱使，它们为我们提供了前进的动力，使我们在困难面前依然坚定。这一点，对孩子来说同样适用。有了梦想和追求，孩子们就能更坚韧地面对挑战。

就像图图妈妈那样，给孩子制造一种崇高感，鼓励孩子找到自己真正关心和热爱的事物，设定明确的目标并为之努力。当孩子有了自己的梦想时，他们就有韧性勇敢地面对生活，心理也就不会那么脆弱了。

方法三：增进社交，强化抗压力

想要与人和谐相处，就要学会相处的规则。

举个例子，孩子在游戏中必须遵守既定规则，学会与他人协同作战，面对失败时也要坦然接受。如果做不到，一定会被小伙伴们嘲笑和排斥。这样的体验有助于孩子们锻炼意志力和培养心理承受力，使他们的内心越来越抗压，"脸皮越来越厚"。

再者，孩子在与小伙伴的交往中势必会面临各种人际关系问题。比如，当游戏中出现分歧或冲突时，孩子们需要学习如何沟通、协商和化解矛盾。如果做不到，他就不会有朋友。情势逼人，孩子只好在与同龄人的互动中，让自己的内心变得越来越脱敏，越来越坚强。

不接受批评，不愿意认错

孩子不愿认错怎么办

问题来了

孩子每次做错事情，我一指出来，他就跟我犟嘴，嘴巴硬得跟石头一样，不肯承认自己有错，更别提承认错误了。有时候我真的是被他气得七窍生烟，感觉自己的教育方式好像完全不起作用。

这个问题让我很烦恼，我不知道该怎么处理才好。我想和孩子好好沟通一下，问问他为什么明明自己做错了，就是不认错，但是每次都被他的倔强和抵触情绪给挡回来了。

原因何在

孩子不愿认错，很可能是不知道自己错在哪里了。

很多事情，在大人看来理所当然是不对的，可孩子不明白为什么是"理所当然"，你批评他，他还一脸茫然：我哪里不对了？为什么要认错？大人就可以不讲道理吗？

还有一些孩子不愿认错，是因为他们觉得认错是很丢人的事情。

这与孩子的成长环境和日常教育有着一定的关系，比如父母之间经常较劲，谁也不肯向谁服软认错，没理也要杠三分。孩子就会觉得认错是一件很丢脸的事情，不然父母为什么明明错了也不肯承认呢？一定是这样的！

再者，就是父母过于严厉，对于孩子的过失一贯疾言厉色，惩治孩子的手段更是花样百出，一个比一个更让孩子难受。孩子为了逃避父母的"严厉制裁"，于是坚决不肯承认错误。

就这样教育他

方法一：教孩子正确看待批评

要让孩子明白：批评虽然让人有点儿难受，但并不是别人对你的审判。批评只是说明我们在某些方面还有不足，有待提升，并不一定说明我们不行或比别人差。所以，我们不要抗拒批评，要把它当成一次学习和提升的机会，认清自己的不足，勇敢面对，吸取教训和经验，那么下次遇到类似情况时，我们就可以完美解决问题，不会再受到批评了。

方法二：以身作则，成为孩子的榜样

如果父母犯错了，请不要摆大人的架子，也不必在孩子面前要面子，要向孩子承认自己的错误，并且努力改正。而当孩子出现错误时，父母可以引导他们："还记得爸爸妈妈当时做错了事，是怎样做的吗？"

以身作则，是对孩子最好的教育。父母的示范作用会使孩子逐渐成为一个有担当的人。

方法三：接纳孩子多样的道歉方式

父母要理解，道歉并不仅仅是一句"对不起"。对于那些内向或自尊心强的孩子，直接说出"对不起"，可能会让他们感到不自在。这时，父母应该鼓励孩子寻找其他方式来表达歉意。一份小礼物、一个帮忙的动作，甚至是一个安慰的眼神，都可以是他们道歉的方式。只要他们能够真心认识到自己的错误，并用实际行动去弥补，那就是最有效、最真实的道歉。

方法四：及时肯定孩子的进步与努力

当孩子开始展现出积极的变化，如能勇于承认错误并努力改正，会冷静应对错误并主动寻找解决方案时，父母应当及时给予孩子肯定和鼓励。一个简单的拥抱或赞赏的眼神都能够让孩子感受到父母看到了他的努力，并为他的成长感到骄傲。

即使孩子在遇到困难时还会想要躲避，但只要他们经过内心挣扎后最终选择了勇敢面对，父母就应该给予孩子同样的肯定和鼓励。让孩子们感受到，无论过程如何曲折，只要他们愿意努力，父母都会陪伴在他们身边，为他们的进步和成长鼓掌。

第6章
提升表达能力

支支吾吾，不善表达

孩子不善表达怎么办

问题来了

随着孩子的成长，我真是越来越困惑，也有点儿担心。我家孩子从小就很乖，从来不让父母操心，但是，就是不愿意表达。家里来了大客人、小客人，他总是默默地坐在一旁，不去参与大家的谈话和游戏。老师也说，这孩子在学校不愿意与人交流，表达能力不太理想。

我为此困惑不已，你们遇到过类似情况吗？又是用什么办法打开孩子小嘴巴的呢？

原因何在

可能是，孩子的内向性格所致。

一些孩子性格偏内向，他们不是没有想法，也不是不会表达，只是不愿意表达。

也可能是，缺乏合适的语言环境。

有些父母比较忙，为了努力赚钱，没多少时间与孩子沟通，也很少带孩子出去玩，给他们提供与更多人交流的机会。孩子处于这种半封闭的成长环境中，久而久之，表达能力自然也就提升缓慢。

另有一些父母，总是担心孩子考虑不周，表达不清，或是胡言乱语，在孩子与外界交流时，强行插话，孩子说话的权利被剥夺，所以越来越沉默了。

就这样教育他

方法一：学会聆听，做好回应

孩子们很喜欢与父母分享他们的所见所闻或感兴趣的事情，并期望得到父母的回应，但很多时候，父母的回应是——"你话真多，我忙着呢！"如同当场泼了孩子一盆冷水，在这种情况下，亲子沟通的效果只会越来越差。

正确的做法是，当孩子讲述与分享自己的事情时，父母应当用心聆听，并随时用身体语言表现出自己在认真倾听。如果确实太忙，可以委婉地请求孩子稍等片刻，以免孩子感到被忽视。

在沟通过程中，父母要注意孩子的逻辑和词汇使用。如果发现孩子的表达有不恰当之处，可以在聆听的过程中温和地纠正过来，引导孩子正确使用词汇。这样，孩子也会逐渐关注自己在语言表达上的问题，并不断提升自己的语言表达能力。

方法二：强行搭话，"被迫"开口

那些内向的孩子，更需要父母扮演好引导者的角色，与他们展开对话。一个有效的方法就是经常与孩子交流一些他们感兴趣的小问题，使他们"被迫"经常开口说话。

例如，你可以询问孩子在学校发生的有趣的事情，如"今天在学校里有没有发生什么有趣的事情？"或者关注他在班级中的社交互动："你们班里有没有和你玩得特别好的小朋友？你们在一起都做了什么有趣的事情？"这样的问题能够激起孩子的兴趣，让他们愿意开口分享自己的经历和感受。

方法三：创造环境，形成"畅聊"

无论多忙，父母都应该抽出时间带孩子走出家门，让他们与不同的人互动，为孩子创造与小伙伴交流的机会。因为年龄和认知水平相近，孩子们之间会有无数话题。这样的沟通不仅能减轻孩子的拘束感，还能在同龄人的互动中增强语言表达和思维能力。父母可以在旁边关注，但应尽量避免随意打断他们的对话。在这种极度放松的"畅聊"环境中，孩子的语言表达和思维能力会在不知不觉中得到锻炼和提升。

当父母发现孩子较以前有进步时，请及时送上适度的赞美，别觉得不好意思，要在外人面前大方地表扬孩子。适度的当众赞美，会让孩子变得更加自信，更喜欢在人前表达了。

喜欢吐槽，脏话连篇

将场景重现，让孩子亲身体验，对他来说，教训才更深刻。

孩子爱说脏话怎么办

问题来了

　　我不明白为什么孩子会养成爱说脏话的习惯，每次听到他那些不雅的话语，我的心都会沉重起来。我担心这样的习惯会对孩子的未来产生不良影响，让人们对他产生误解，甚至影响他的人际关系。我希望他能改掉这个坏习惯，成为一个有素质、有教养的孩子，受人尊重和喜爱。

　　我一直在思考如何帮助孩子改掉这个坏习惯。孩子为什么喜欢说脏话？是不是有什么困扰他或者让他感到不满的事情？还是说，他只是觉得说脏话很有趣？我百思不得其解。

原因何在

　　孩子爱说脏话，这种问题很常见。其实，孩子的这一习惯也不是天生就有的，其产生原因大体如下：

一是从电视节目上学来的。一些搞笑的电视节目、电视剧里的人物时不时会冒出几句粗话，听起来好像很"有趣"，孩子们就琢磨着，这句话怎么这么有意思呢？于是，他们就开始模仿别人说粗话。

二是为了表达情绪。孩子知道有些脏话听起来挺刺耳，但有时候为了表达自己的某种情绪，就顾不了那么多了。比如说，当他生气的时候，就会不自觉地说几句脏话，好像这样能减轻点儿压力似的。

三是语言环境所致。在孩子成长的环境中，祖父母或是父母、同学、小伙伴中有人喜欢吐槽、爱说脏话，孩子耳濡目染，久而久之，养成了爱说脏话的习惯。

就这样教育他

方法一：克制自己，调整情绪

假如你是一头性格暴烈的雄狮，一看到孩子说脏话就暴跳如雷，那可就糟了。孩子可能会被你的怒火吓得暂时认错，但在他内心深处，可能仍觉得说脏话是一件刺激有趣的事情，他仍然会在今后的生活中不断地说脏话。

总之，父母越禁止，孩子越觉得好奇，越想去尝试。因此，对于孩子语言不端的问题，父母既要重视，又不能反应过于夸张，既要有严肃对待问题的态度，但又不能有过激行为，否则于事无补。

方法二：自我监督，改掉毛病

孩子天生就善于观察并学习，父母的一举一动都会潜移默化地影响他。有的父母本身就有这样或那样不良的习惯，这些问题在孩子出生后必须改正过来，以免影响孩子的健康成长。

因为一切为了孩子，所以父母不要把它们"遗传"给孩子。

如果父母有爱吐槽、说脏话的毛病，既要自我监督，也要让家人监督，倘若情急之下失言，说了脏话，应该立刻诚恳地向孩子道歉，真诚地向孩子解释自己的行为的确不对，表达出自己对这种行为的自责和后悔。这种认真谨慎处理问题的态度能够给孩子很深的触动——父母都主动认错了，这一定是一个很严重的问题。

有了这种意识，孩子才会认真思考这个问题。

方法三：身临其境，贯彻道理

让孩子知错就改，就一定要让他们真正明白其中的道理，即，为什么这样做是错的。

父母可以带孩子去参加一些群体活动，让孩子看到为什么大家都不喜欢说脏话的人。当孩子目睹说脏话给别人带来的不快和伤害时，他才会明白说脏话不好的道理。当然，父母还要从旁引导，见缝插针，循循善诱。

当然，父母也可以像图图妈妈那样做。你喜欢说脏话是吧？那你对着镜子里的自己去说吧，镜子里的你没有感情，但你是不是仍会感到屈辱与愤怒？

让孩子身临其境、感同身受，对他们来说是一种很有效的惩戒。

傲慢无礼，命令口气

孩子像个小皇帝怎么办

问题来了

孩子像个"小皇帝"，整天在家里呼来喝去，在学校也总是一副高高在上的样子。

就这个问题，老师都与我沟通过不止一次了。我也知道他这个毛病特别招人烦，可是我用了很多办法，依然没有改善。难道，这也是孩子天生的吗？

我觉得，在孩子的教育方面，我需要一点儿意见和帮助。

原因何在

孩子的问题，大多是父母的问题。孩子傲慢无礼，往往也和父母有关系。

就拿"惯坏了"的孩子来说吧，可能家里长辈都是他最忠诚的"奴仆"。只要他一不高兴，全家都心疼得不得了，提什么要求都会满足他。这样娇生惯养，孩子自然就觉得自己是"小皇帝"——他的话就是"圣旨"，说一不二。

或者父母可能也有这样的习惯。在家里常常不自觉地用命令的口气讲话，"那谁，你给我倒杯水，快点儿！"这种生活细节看似无伤大雅，但对孩子来说，却树立了一个"坏榜样"。孩子会认为：原来跟别人说话是用这种口气的，真的很威风，我也要这样。

就这样教育他

方法一：民主家庭，人人平等

父母应该在家中进行一次"文明改造运动"，主旨是强调人人平等。父母需要孩子的帮助时，请使用"请""谢谢"等文明用语；应改正自己的不良语言习惯，成为孩子的良好榜样。

当父母发现孩子喜欢使用命令式口吻时，应及时进行引导，告诉孩子："人与人相处，需要遵循平等和互助的原则。请求他人帮助时，礼貌至关重要。如果你总是用发号施令的口气和人说话，不仅没人愿意帮你，还会引起别人的厌恶。"

当孩子说"妈，把苹果给我拿来"时，妈妈应该这样回应："如果你用这种口气和我说话，我是不会帮你的！事实上苹果离我很近，我帮你轻而易举。不过你要明白，我帮你不是义务，所以你要用'请'，并且在我帮助你以后，你要说'谢谢'。你如果这样做，我可以为你提供帮助。"

把这种引导植入生活的每一处场景中，潜移默化式调教，有助于孩子逐渐养成尊重他人的习惯。

方法二：防微杜渐，及时纠正

在日常生活中，时刻留意孩子讲话的语气。一旦发现孩子使用命令式口吻，立即予以纠正。比如，当孩子在外面表现得像个君王似的说——"喂，你们过来，和我一起玩足球"。父母应该立刻引导孩子："你很想和小朋友一起踢足球？但你要邀请他们，礼貌地问一下他们是否愿意和你一起玩。而不是命令他们。"然后，告诉孩子正确的做法："你应该说：'小伙伴们，我很想和你们一起玩足球，我们可以一起玩吗？'"

当孩子学会以后，别忘了及时表扬他："你刚刚的做法真是太棒了，我为你感到骄傲！"通过父母的持续引导和鼓励，孩子不仅能够改掉命令人的语气，还能逐渐成为一个善解人意的小天使。

方法三：角色互换，切身体验

父母可以陪孩子玩一些"角色互换"类的小游戏，把一些命令式的语言和行为植入其中，让他切身体会一下。比如，在游戏中你当君王，让孩子做侍者，对孩子吆五喝六，指使得他团团转，然后问他："请问这位小朋友，我在游戏中用这样的口气对你说话、提要求，你心里舒服吗？"

这种植入换位思考的教育方式能够让孩子学会共情，这样他在与人相处时，自然就会有所注意了。

不愿赞美他人，惜字如金

孩子不会赞美别人怎么办

我家孩子一直不会赞美别人，你提醒他，他却说："我并不觉得他有什么值得赞美的！"或者"赞美别人有点儿假，我不太想说。"听到这样的话，我真的很无奈。

我知道每个孩子都有自己的个性和想法，也许孩子并不太擅长表达赞美之词。但是，作为父母，我还是希望他能学会欣赏和赞美他人，因为这是一种重要的社交技能，也是建立良好人际关系的基础。

你们有没有遇到过类似的情况呢？你们是如何处理孩子不会赞美别人的问题的呢？我希望能听到你们的建议和经验分享。

原因何在

如果父母中的一方具有酸葡萄心理，总是看不惯别人的优秀，喜欢去贬损别人；或者内心阴霾较重，总是喜欢针砭时事，说一些消极的话，孩子是一定会有样学样的。

再者，孩子虽小，但想法很多，当他们看到大人夸赞别人而自己被忽略时，心里往往都是酸酸的，就像打翻的醋坛子——"哼，他怎么就比我强了，竟然把他夸得跟一朵花似的，虚伪的大人！"

其实，这就是孩子的好胜心理和嫉妒心理在作祟。他们总觉得别人做得好，反衬出自己做得不够好，所以对别人的优秀充满了敌意。

就这样教育他

方法一：调整心态，感受美好

培养孩子积极向上的心态，是他们正确看待问题的关键所在，在这一点上，为孩子营造一个美满幸福的生活氛围至关重要。例如，走在街道上，父母可以对孩子说："你看，那个小妹妹多可爱呀！还有那位老爷爷，他的笑容多么温暖！"

孩子会通过父母的引导，用自己的眼睛去观察，感受到父母指向的事物，并体会到父母教导时的愉悦氛围。这样的美好体验会在他们的记忆中留下深刻的印象，成为他们成长过程中的宝贵财富。

方法二：立足生活，传授技能

随着年龄的不断增长，孩子们的社交圈子不断扩大，生活经验也不断累积。这个时候，父母应该开始让他们学会一项新技能——赞美别人！

比如，妈妈辛苦做了一桌丰盛的晚餐，爸爸可以从旁引导："你看，妈妈做的饭真是色香味俱全，而且妈妈做饭好辛苦哇！你能想到什么词汇赞美妈妈一下吗？"

这样的画面不仅温馨，还带着点儿小幽默，孩子很喜欢，也愿意顺着父母的引导去考虑问题。

从生活细节着手，在潜移默化中教导孩子如何发现别人的优点，这种行为就会像一颗小小的种子，种在他们的心中，慢慢生根发芽，最后成为他们个性中的一部分。

方法三：折中评价，善意谎言

即使有些评价是真实的，但它们的伤害性同样很大，所以父母要教会孩子择善而言，有意识地培养他们的情商，让孩子领悟什么叫"善意的谎言"。

比如，邻居家女孩儿买了一套新衣服，不怎么好看，但要告诉孩子："你不能对妹妹说她的衣服不好看，因为这样妹妹会伤心。如果你不想说谎，可以对她说：'你又买新衣服了呀！你父母对你可真好。'"

教孩子学会换位思考，这是父母的重要任务之一。父母应该耐心引导孩子，让他们明白，在评价他人时需要考虑对方的感受，用得体的话语进行交流。通过父母的示范和引导，孩子可以逐渐学会用友善和尊重的态度与他人相处，建立起积极、和谐的人际关系。

第7章
培养社交能力

不合群，强烈排斥团体活动

孩子不合群怎么办

　　我家孩子好像有点儿不合群。每次带他去参加集体活动或者和小朋友一起玩，他总是默默地站在一边，不愿意参与进去。我问他为什么不和小朋友一起玩，他总是说"不想"或者"不喜欢"。孩子的班主任也打来电话，说孩子不太适应集体生活，希望孩子父母能够多关注一下。

　　我心里有些担忧，不知道孩子是不是患有孤独症，是不是在与其他小朋友打交道的过程中遇到了什么问题。

原因何在

　　可能是父母的"尊宠式"养育所致。

　　有些父母养育孩子，总是无限地满足他们的愿望，孩子变得像个小霸王，自私得让人头疼，也就特别不合群。这样的宠爱，让孩子很难融入集体生活，因为到了外面，不会有人像父母一样，处处让着他、惯着他。

可能是父母的隔离式养育所致。

孩子的成长过程中不仅要"好好学习，天天向上"，更要逐渐融入社会、与他人建立关系。然而，有的父母可能过于担忧，对孩子的成长干涉太多。他们误以为只要把孩子时刻带在身边，就是对他们最大的安全保障，却忽视了孩子其实也需要在群体中摸爬滚打、学习如何与他人互动。孩子缺乏这样的社交历练机会，他们将很难掌握与人相处的正确方式。

就这样教育他

方法一：创造交往体验

假设因为父母的干涉过多，使孩子错过了美好且关键的成长时期，那么在他长大以后，社会交往将会成为阻碍个人发展的严重问题。所以，一定要记得给孩子一个相对宽松的成长环境，让他们有机会结交新朋友。

比如，邀请孩子的同学来家里玩，让他们享受友谊的乐趣，或与同龄不合群孩子的父母合作，大家一起参与户外娱乐活动，给予孩子们正确的交往引导，告诉他们如何与同伴相处、如何分享自己的玩具和零食，让他们体验到与人交往的快乐。

方法二：引导交往技巧

从孩子开始形成自我意识起，父母就应当教授他们社交礼仪与技巧。比如怎样友善待人，如何与他人分享美好的事物，以及如何帮助他人，等等。这一过程好比是授予他们一把钥匙，让他们能够自行开启友谊的大门。

同时，父母应该鼓励孩子积极参与各类集体活动，让他们感受到与大家共同努力的乐趣，体验在集体中互相帮助、共同进退的满足感。这样的经历能让孩子们认识到，他并不是孤立的，他的身边还有着许多同伴。这样的经历也能教会孩子如何与他人和谐共处、怎样一起面对挑战。而这份协作精神，将来必然会帮助孩子更好地融入社会。

方法三：教授合作精神

父母应该教导孩子，在合作中，既要尊重他人，服从大局，注重协调统一，又要坚守自己的立场。

要使孩子知道，虽然容忍和随和是重要的优良品质，但也要注意把握分寸。在合作过程中，不能过于以自我为中心，要充分考虑他人的需求和利益，甚至在必要时应该做出一定的让步和牺牲。然而，迁就与让步并不意味着放弃自己的原则，保持个人立场和个性同样重要。

要让孩子明白，合作成功的前提不光是信任，还有相互尊重。

特自私，不愿意分享

孩子自私怎么办

问题来了

　　我感觉我家的孩子有点儿太"独"了。每次买了新玩具或者有什么好吃的，他总是全部据为己有，不愿意和别的小朋友分享。我试过跟他讲道理，但他好像还是不太明白。

　　我在想，是不是我家孩子缺乏和其他小朋友互动的机会呢？或者说，有什么方法能够让他更好地理解分享的意义？

　　所以想询问大家一下，你们有没有遇到过类似的情况？你是怎么处理的？有没有什么好的建议可以分享给我吗？

原因何在

　　一是家庭影响。

　　父母的性格缺点很容易反映到孩子身上。就像画画时，如果一开始的线条勾勒错了，那后面的颜色涂得再好看，也只会让画面显得更加错乱。

二是孩子的物权意识。

什么是物权意识呢？简单来说，就是"这是我的"。

随着孩子的思维成长，孩子逐渐出现了自己与他人的意识，"我的就是我的"，只有绝对拥有和绝对控制，孩子才能更清晰地感受到自我的存在，这种心理的外在表现，看上去似乎有点儿"自私小气"。

三是孩子认为，这件物品对他来说很重要。

孩子会想，它对我很重要，我为什么要分享给别人？就好像有人向你借爱车，你开心吗？所以说，对于孩子的问题，父母不能轻率定性，他们的每一个问题都是有原因的。

就这样教育他

方法一：削减孩子的特权

父母要记住，不要让孩子在宠溺中觉得自己就是"小皇帝"或"小公主"，父母要让孩子知道，每个人都是平等的，他（她）并不比别人特殊。比如，当孩子想要得到某个玩具或食物时，父母可以让孩子排队等待，或者通过分享才能得到，这样可以帮助孩子养成遵守规则和尊重他人的好习惯。

方法二：使分享产生快乐

孩子不愿分享，可能是因为他们潜意识里觉得分享意味着失去。这时，父母可以用一个有趣的比喻来引导孩子。

想象一下分享就像一个魔法：当你把玩具或食物分享给别人，你其实是在"变出"更多的欢笑和友情。你可以这样跟孩子说："比如你有一个好玩儿的玩具，如果你愿意分享给其他小朋友，那么你们就可以一起玩，大家都会很开心，笑得更大声。而且，下次当你需要帮助的时候，他们也会很乐意来帮你。"这样，孩子慢慢就会懂得，分享并不是失去，而是一种让大家都快乐的魔法。

方法三：诱导而不是强迫

孩子不愿意分享，大人可能会觉得在社交场合很尴尬，于是情急之下就采取强硬态度："你怎么这么不懂事，快把小汽车给小弟弟玩，立刻，马上！"然而，这样的教育方式可能会产生不良后果。

一种可能是，孩子经常受到强迫，会积压愤怒，渐渐变得叛逆，于是表现得越来越自私。他们会渐渐形成一种保护自己、不轻易相信他人的心态。

另一种可能是，孩子习惯了被强迫，逐渐变得逆来顺受。他们可能会过度迎合他人的期望，缺乏自我主张和独立思考的能力，不懂得对自我权益进行保护。长此下去，他们可能会成为所谓的"老好人"。

正确的方式是，父母应该尊重孩子的意愿和感受，了解他们不愿意分享的原因，可能是因为他们害怕失去自己的玩具，或者对陌生人感到不安，然后采取温和而具有引导性的方法来鼓励他们乐于分享。

爱嫉妒，朋友优秀也眼红

孩子嫉妒心重怎么办

每次有其他小朋友来家里玩，或者大家一起出去玩，如果有其他孩子得到了表扬或者有了什么好事，我家孩子就会不高兴，甚至闹情绪，或者无缘无故地发脾气。我知道这是孩子的一种正常情绪反应，但是我也担心如果任由其发展下去，会对他的性格形成和人际交往造成负面影响。

第一次带娃，我不太确定该怎么处理，所以想请教一下大家的看法。

原因何在

嫉妒这种情绪好像谁都避免不了。相关科学测试证明，还在哺乳期的 8 个月左右的婴儿，就可以表现出嫉妒情绪和行为。而嫉妒心理的加重，往往与个人成长和自我认知有着密切的关系。

比如父母平时给予孩子的关注不足，那么在父母夸赞或关注别人家孩子时，孩子心里就会感觉不舒服，就好像父母不爱自己，更喜欢别人一样。

事实上，孩子的嫉妒在初始阶段，只是为了保证自己的需求与存在感而被激发出来的一种情绪，与道德品质无关。至于是否会演化成性格中的顽疾，关键就要看孩子的成长环境和父母的引导了。

就这样教育他

方法一：接纳并安抚孩子的嫉妒情绪

孩子的嫉妒行为或许看上去有些幼稚，但父母不应以"你不应该"的态度去回应孩子，以免让孩子觉得自己的情绪被轻视，从而在嫉妒之外再添一层委屈。

正确的做法是，站在孩子的角度，试着设身处地去理解和接纳他们的感受："看起来你有点儿不开心，是因为我夸弟弟拼图好，你觉得心里不舒服吗？"沟通时，轻轻抚摸孩子的头发，或者用其他亲昵的方式表达你的关心和理解，孩子会更愿意听你讲下去。

方法二：正确引导，建立认同心理

等孩子的情绪缓和以后，父母要帮助孩子建立正确的认知模式，让他看到别人因为努力变得优秀的过程。

比如，你可以告诉他："弟弟一开始基本不会拼图，后来第二次他就学会认真看参考图了，第三次就大体知道按图找件了，弟弟努力学习的态度值得表扬，对吗？"

这样的描述，会让孩子明白一个道理：别人的成就是通过努力换来的，也是值得肯定和称赞的；而自己只要努力，也可以变得更好。

方法三：将嫉妒情绪转化为激励

父母要根据孩子的成长和思维变化，及时捕捉他的心理变化，防止孩子的嫉妒心理出现恶化趋势，同时，设法将孩子的消极嫉妒情绪转化为积极竞争心理。步骤是这样的：

（1）深入剖析那些被嫉妒的对象为何"出色"。以问答形式，引导孩子说出，他们之所以表现出色，是因为他们付出了哪些努力，有哪些值得学习的优点。

父母要引导孩子关注努力的过程而非仅仅看结果，鼓励他们与他人比较付出和努力，而非仅仅是取得的成就。

（2）引导孩子自我反思，帮助他们认识到自己的不足，同时也找出自己可以赶超他人的优点和方法。

需要强调的是，父母在培养孩子竞争意识的同时，也要培养他们健康的竞争心态。让孩子明白，竞争的本质不仅是获胜，更重要的是学会自省与学习。

这样一来，他以后可能还会嫉妒别人，但应该不会让嫉妒失控。

小霸王，解决问题靠打架

孩子出现暴力倾向怎么办

问题来了

我家的孩子喜欢用暴力解决问题。和小朋友玩的时候，一不顺心就推人、打人，甚至还咬人……就算在学校，也被其他学生父母投诉过好几次了！我每次又是赔礼又是道歉，内心非常尴尬。

我试过跟他讲道理，也试过惩罚他，但是效果都不太好。他小时候挺乖的啊，现在为什么会变成这样呢？

原因何在

儿童心理学研究指出，孩子之所以会表现出暴力倾向，可能受以下三个因素影响：

一是家庭环境。调查数据显示，那些经常受到父母粗暴惩戒的孩子，在社会交往中更容易表现出暴力倾向。尽管父母粗暴惩戒孩子的初衷是为了教育孩子，但这种方式却在无形中使孩子认为：解决问题要看谁的拳头硬！

二是周边环境的影响。由于孩子的心理和思维还不成熟，他们很容易受到外界信息的影响。例如，电视、网络等媒体中的暴力内容，就会使孩子觉得很酷、情绪很亢奋，从而影响他们的行为。

三是社交沟通能力的不足。孩子的社交沟通能力不足，他们在与同龄人的交往中，遇到意见不合、矛盾争执等情况，情急之下，就可能采用简单粗暴的解决方式。

就这样教育他

方法一：指出错误，明令禁止

发现孩子出现暴力行为，第一时间制止他，注意，千万不要以暴制暴，抓过孩子就打，这样反而会培养孩子的"小暴脾气"。

正确的方法是，严肃地指出错误，让孩子明白，打人是一种野蛮行为，会被小伙伴疏远和厌恶，让孩子充分认识到暴力行为的后果——"如果你不改，就会没朋友。"

方法二：传授方法，化解矛盾

孩子和家里的小客人争夺玩具，因此大打出手。不要为了面子把错误全部归咎于孩子，在客人面前一味指责孩子的不是。因为这会使孩子错误地以为，他的东西别人可以予取予求。

父母应该用平和、劝导的语气教育孩子与其他小朋友好好沟通。例如，你可以教孩子说："这是我的玩具，我先玩一会儿，一会儿再给你玩。"或者，"想玩我的玩具可以，不如我们交换着玩。"这样使孩子在解决矛盾的过程中，学会协商与分享。

当孩子与小伙伴发生矛盾时，作为父母，一不要庇护，二不要代劳，应该让孩子自己说明发生冲突的原因，让他们自己提出解决冲突的方法。父母可以提供一些建议或指导。这样可以帮助孩子学会独立思考，提高孩子解决问题的能力，同时也可以培养他们的协商能力和社交技巧。

方法三：强化记忆，适度惩戒

当孩子有暴力行为时，父母必须明确警告他们，不能使用暴力来解决与其他小朋友之间的矛盾。同时，要明确告知，如果再发生此类行为，将面临父母的严厉处罚。但父母需要理解的是，惩戒并不是目的，只是一种辅助方法。更为有效的方法是综合运用各种教育手段，加以正确引导，有针对性地对孩子进行积极教育。

这就需要父母们拿出足够的耐心和毅力，付出时间与持续的努力，在日常生活中逐步调整孩子的行为和思维方式，帮助孩子学会管理自己的情绪和行为冲动，通过持续地努力和改进，让孩子与小朋友们化干戈为玉帛，恢复友好交往。

第8章
高情商养成方法

心眼儿就像针眼一样小

"当初你……"，这样的引导句式，更容易触动孩子的反向思考，使他们更直观地觉察到自己的问题。

孩子小心眼儿怎么办

我是一个"90后"妈妈，最近越来越困惑。

我发现我家孩子心眼儿有点儿小。上次在幼儿园，有个小朋友不小心踩了他的脚，他马上就哭了，然后一整天都没跟那个小朋友说话。我觉得他反应有点儿大，毕竟小朋友之间难免会有这样的小摩擦。

还有，有时候他跟小朋友玩玩具，如果别的小朋友拿了他想要的玩具，他也会不高兴，甚至生闷气。我试着跟他解释，要学会分享，要懂得体谅别人，但是好像效果不太明显。

所以想咨询大家一下，你们有没有什么好的方法可以让孩子心胸开阔一点儿？

孩子心眼儿小，在很大程度上是因为他们的自我保护意识强，这原本是一种生物本能，但家庭教育环境可以在无形中使本能演化成毛病。

比如，当孩子的玩具被其他小朋友弄坏时，有些父母可能会这样责备孩子："你真笨，你要是不把玩具借给他，就不会坏掉了！"玩具坏了本来不是什么大问题，但现在孩子认为，他的错误是把玩具分享给别人了——这就是大问题了！

父母这种狭隘的认知，很容易毫不保留地灌输给孩子，使他们在与他人相处时可能会表现出极强的防范心理，对小事斤斤计较，难以与人和谐相处。他们总是期望得到别人的给予，而不愿意付出一丁点儿东西。这种狭隘的心境会让孩子经常处于气愤、焦虑的状态，对他人充满提防。

方法一：发挥榜样带头作用

想改变孩子，先从改变父母开始。

父母要努力做一个宽容的人，对待他人的错误和不足要包容，对自己的过失也要坦然接受。无论是遇到困境还是顺境，都要保持平和的心态。

当孩子们看到父母在生活中真正践行这种宽容的态度，他们自然会受到影响，潜移默化地学会宽容和乐观地面对生活的起起落落。这样，孩子们就能在一个充满阳光和笑声的环境中成长，成为一个个传递正能量的阳光小天使。

方法二：撤掉特殊地位

父母需要撤掉孩子的"特殊地位"，要让他们明白，在家庭中每个人都是平等的，谁都没有特权。对于孩子那些任性要求，父母要像大风挡住小船一样拒绝，让他们的"自我中心"无处藏身。

同时，父母也要适当给孩子提要求，要求孩子对父母提供力所能及的帮助，把家里的"独行侠"变成乐于分享、懂得关心他人的"暖宝宝"。

方法三：要适当地创造交往平台

父母可以适当地为孩子创造与小伙伴们一起玩耍的机会。这些机会可以是家庭聚会、幼儿园活动或社区活动，只要是能让孩子们聚在一起的环境都是不错的选择。

在这些活动中，父母可以引导孩子学会分享。比如，当孩子们一起聚餐时，父母可以引导孩子与小伙伴互相分享美食，让他体会到与他人分享的快乐。在分配食物的过程中，父母可以与孩子沟通，让他们理解每个小朋友都应该得到公平的一份，这样可以培养他们的公平意识和尊重他人的态度。

在与小伙伴们的互动中，孩子不仅能学会合作，更能深刻体会到友情的可贵。这样的教育将帮助他们摆脱狭隘的自我观念，学会站在他人的角度思考问题，更加懂得关心和体谅他人，从而使孩子从狭隘的自我中跳出来。

自恋到完全没朋友

孩子特别自恋怎么办

小时候，他是那么阳光、自信，每次看到他天真烂漫的笑容，我都感到无比欣慰。但慢慢地，我发现他的自信开始变质，逐渐变成了过度的自恋。现在，他常常夸大自己的优点，对别人的小成就表示不屑，甚至偶尔流露出一种自以为是的态度。

我真的非常担心这种状态会影响他将来的社交和人生发展，我希望孩子能够成为一个既自信又谦逊的人，能够欣赏自己，同时也能真诚地欣赏他人。

所以，我想向有经验的父母们请教：你们当初是如何察觉并帮助孩子调整这种不健康心态的？有没有具体的教育方法或建议？

自恋是孩子心理发展的必经阶段，是孩子心理健康、具有高度的自我认同感、积极乐观的外在表现。

但是，孩子未来的自恋程度，则主要取决于环境因素：

一方面，父母的过度赞扬可能会使孩子忽视自身的缺点，因而变得骄傲自大起来。

另一方面，父母自身的行为和态度也会影响孩子。比如父母经常在家里摆出傲慢姿态、经常讽刺和贬损他人，孩子可能就会变成一个傲慢且刻薄的小家伙。

就这样教育他

方法一：让孩子自己去对比

当孩子表现出自恋倾向时，父母首先应从自身教育方法上进行反思和改进——"我是不是给了孩子不好的影响？我是不是给孩子的赞赏教育过度了？"

想明白自己的教育问题以后，先把孩子放置到小伙伴中间，创造更多机会让他们进行互动和交流，鼓励孩子与具有积极影响的小伙伴多接触，让孩子自己去发现他人的优点和善良品质。

通过改进教育方法和推动有益互动，父母可以为孩子提供一个更健康、更平衡的成长环境，孩子将逐渐认识到每个人都有他的独特价值，这有助于减轻孩子的自恋心理。

方法二：适度表扬是关键

表扬，作为一种积极的强化手段，能有效提升孩子的自信和自尊。然而，过分表扬则可能滋生孩子的自以为是心态。

因此，父母在表扬孩子时应该把握好尺度。比如，在表扬时侧重于他的努力，而不是成绩；在夸奖时着重于他的进步，而不是随口来一句"你是最棒的"。

具体的、客观的表扬远比笼统的夸赞更有效；真实的、不夸张的表扬能让孩子明白，他取得的成绩源于自身的努力和付出。这种适度表扬不仅能激励孩子继续努力，还能培养孩子健康的自我认知。

方法三：不比较，不过分强调

尽管很多父母都认为自己的孩子是最优秀的，但我们应该避免在言辞中过度强调这种优越感。当孩子取得进步或成就时，父母不应该强调他相对于其他孩子的优越性。以艺术天赋为例，即便你觉得自己的孩子在班级中与众不同，也不要直接对他说："就艺术天赋这块而言，我觉得你是你们班最强的。"

相反，父母可以选择更加平衡和建设性的方式来表扬他们。例如，你可以说："我注意到你在艺术方面付出了很多努力，你的作品展示了你的创造力和才华。我为你感到骄傲。"

这样的表达方式会让孩子明白，他们的价值不是取决于与他人相比的位置，而是建立在自身的努力和成长上。这将有助于他们培养健康的自尊心和自信心，同时避免过度自恋或自以为是的倾向。

缺乏同理心，特别没分寸

妈妈，我被同学集体霸凌了。

你?被霸凌?

是这样啊，我一定好好教育他……

图图妈，你可以带着他了解同学们的想法，让他自己领悟。

弹劾陈图图代表大会

陈图图……

陈图图说我长得黑，看着就不卫生。

陈图图说我个子矮，管我叫精品。

让缺乏同理心的孩子置身于相似的情境中，让他设身处地换位思考，这样的反省远胜于说教。

陈图图……

你不要再教育了，我已经受到教育了，我自动面壁思过好不好?

孩子缺乏同理心怎么办

孩子经常给人一种冷漠、自私的感觉。好像在他的小世界里，别人的情感和需要都不重要。他说出的话总是很刻薄、很扎心，常常一两句话就能让其他的小朋友伤心哭泣，而他就站在一旁，面无表情，仿佛事不关己。

我曾试着引导他，告诉他："知道吗？你的行为很不道德！"但他一脸的"我不在乎"，这种状况让我真的很担心，担心他将来会成为一个冷血的人。

原因何在

很多父母发现，孩子在某些时刻表现得非常冷漠，对他人的感受漠不关心，这其实是孩子缺乏同理心的表现。而这种心态的形成，在很大程度上与父母的教育方式有关。

在忙碌的生活中，一些父母可能更注重孩子的学习成绩、才艺技能等，却忽视了情感教育和同理心的培养。一些父母认为，只要孩子学习好、有才华，就足够了。实际上，情感教育和同理心的培养同样重要，它们决定了孩子未来是否能够成为一个有爱心、有责任感、善于人际交往的人。

另外，父母过度宠溺孩子也是导致孩子缺乏同理心的原因之一。在很多家庭中，孩子是家庭的中心，他们的每一个需求都会被家人尽量满足。这样的环境下，孩子可能会逐渐形成一种"自我为中心"的心态，认为所有人都应该围着自己转，从而忽视他人的感受和需求。

就这样教育他

方法一：让孩子设身处地好好感受一下

一如图图妈妈和老师沟通的办法，可以让那些被自家孩子"伤害"过的孩子当面声讨一下他，父母也可以掌握好尺度，用他对待别人的方式整治他一下。事后别忘了给予引导："你现在明白，这样做会让别人很难过了吧？"

留一些余地给孩子，让他自己去思考和领悟。

方法二：把同理心植入日常生活环节

要为孩子打造同理心，父母首先要成为孩子的良好示范。

无论是与家人、朋友还是邻居相处，父母都应该尽量站在对方的角度去思考问题，展示出善解人意和体谅他人的态度。当孩子观察到父母在与他人互动时总是设身处地地为他人着想，他们也会受到父母的影响，逐渐培养出自己的同理心。

除此之外，父母还可以通过家庭活动来培养孩子的同理心。例如，定期组织家庭成员一起参与志愿者活动，帮助社区或弱势群体。通过这样的活动，孩子将有机会亲身体验到帮助他人的喜悦，进而培养出对他人困境的敏感度和同情心。

方法三：角色扮演，让孩子感知他人世界

除了日常生活中的点滴教导，还有一个非常有趣且有效的方法来培养孩子的同理心，那就是与他们进行角色扮演游戏。这不仅仅是简单的嬉戏，而是一个让孩子深入了解他人情感和世界的机会。

就像小时候玩的过家家，父母可以与孩子一同进入角色，设定不同的情境和角色。例如，"现在爸爸（妈妈）和你来玩医生和病人的游戏，你是医生，我是病人，你要如何照顾我呢？"这样的游戏不仅能让孩子了解到社会上的人际关系，更重要的是，它能让孩子亲身体验到不同角色中的情感和责任。

通过这样的互动，孩子不仅能够更加了解人与人之间的关系，还能更深入地体会到他人的感受。这样的游戏不仅是一种娱乐，更是一种情感教育和培养同理心的有效途径。同时，这也是一个教导孩子如何关心、爱护他人的好机会。

选择困难，很没主见

孩子没有主见怎么办

我最近有些担忧孩子的成长问题，他在做决定的时候总是犹豫不决，或者直接问我该怎么做。我很担心他将来面对重要的选择时，也会变得犹豫不决。

我本身也是个选择困难的人，连自己的许多问题都无法解决，更别说帮助孩子解决问题了，所以，我很希望大家能够给予我一些帮助和指导。

原因何在

一是父母过度代办，束缚孩子的自主性。

许多父母确实满怀爱心，希望为孩子打点好一切，使其成长道路平坦无阻。然而，过度代办可能使孩子失去独立思考并做决定的机会。渐渐地，孩子可能形成依赖心理，面对问题时更倾向于等待父母来解决，而不是主动寻找解决方案。

二是父母过度干预，扼杀孩子的创造力。

在教育孩子的过程中，有些父母坚持自己的教育理念，而忽视了孩子的真实想法和兴趣。比如，父母可能因为认为某些食物不健康而禁止孩子尝试，或因为觉得某些兴趣爱好不实用而加以阻挠，当孩子表现出自主意识时，可能会受到父母的训斥或责备。这样的强势干预会使孩子逐渐形成畏惧心理，逐渐丧失探索欲望和创造力，不敢轻易表达自己的真实想法，变得越来越没主见。

就这样教育他

方法一：让孩子有自主决定的空间

尊重孩子的想法并给予孩子选择的权利，是培养孩子独立性和自主性的重要途径。即使孩子的想法或做法是错误的，父母也应该给予孩子试错的机会，让孩子从错误中学习并逐渐成长。这样不仅可以让孩子更好地认识自己，还可以培养孩子解决问题的能力和创新能力。

当然，父母在尊重孩子的同时，也需要注意引导孩子树立正确的价值观和人生观。父母可以与孩子进行沟通，帮助孩子厘清自己的想法和行为，并给予合理的建议和指导。这将使孩子在尊重和被尊重的环境中健康成长，逐渐成为一个有主见、懂得独立思考的人。

方法二：日常情景练习

准备去超市购物时，父母可以邀请孩子一同参与。当孩子面对众多商品犹豫不决时，父母不妨给予他一些时间和空间，让他自己权衡利弊。

例如，在选择蔬菜和水果时，父母可以告诉孩子哪些蔬菜是比较新鲜的，哪些水果是季节性的，然后让他们自主决定买哪些。在选择牛奶和面包等日常食品时，父母也可以告诉孩子不同的品牌和口味，然后让他们根据自己的喜好和需求来做选择。

在孩子做选择的过程中，父母可以适当地给予一些引导和建议，但不要替代孩子做决定。

通过类似的生活场景的不断雕琢，孩子不仅能够学会如何独立思考和做决策，还能够培养自己的主见和判断力。今后遇到类似的情况时，他们就会更加自信地做出自己的选择，而不是盲目跟从别人或者犹豫不决。

方法三：父母当好提问人

提问是激发孩子主动思考能力的重要手段之一。

比如，当孩子遇到难题时，父母可以这样问："你觉得这个问题应该怎么解决？"

鼓励孩子主动去思考，让他们学会分析问题、寻找解决方案。同时，这种互动问答还能让孩子感受到父母的关心和支持，从而增强他们的自信心。

又如，在孩子做出某个决定后，父母可以问他："你这个决定的优势和劣势可以给我分析一下吗？"这样的问题可以让孩子重新审视自己的选择，学会从不同角度思考问题，逐渐形成全面、客观的思维方式。

第**9**章
疏导不良心理

感觉家境不如别人，盲目攀比

陈图图，坐我爸的车啊，我家新换的车。

家很近，不用了，谢谢壮壮。

图图，来一起玩警察抓小偷啊。

我不玩，我怕把你们衣服弄脏了。

图图，为什么跟他们比车，比衣服呢，你可以比别的啊，

比如，壮壮成绩没有你好，威威没有你那么懂事，文文……

小孩子很容易产生攀比心理，比不过便备受打击，父母应该让孩子明白：真正应该比的是什么。

你要这么说，我不跟你犟！

你小子一点儿不禁夸啊！

孩子盲目攀比自卑怎么办

问题来了

我是一个普通妈妈，家庭条件并不好，但我一直在努力给孩子最好的生活。最近，我发现孩子出现了攀比和自卑的情绪，这让我感到非常担忧和无助。

他总是拿自己和其他孩子做比较，比玩具，比新衣服，比父母，然后就觉得自己不如别人，越发失落和沮丧，有时甚至对父母恶语相加，这种攀比和自卑的情绪已经严重影响了他的自信心和快乐。我也想让他在同学面前富裕一下，可家庭条件真的不允许，我该怎么办才好？

原因何在

当同学们的家境优越，而自己的家庭条件不佳时，孩子可能会产生心理落差，甚至引发自卑感。其实，有时成年人也很难抑制这种负面比较，更何况是孩子。

尤其是，在孩子因为吃穿用度遭到同学嘲笑时。

此外，父母给予孩子的过高期望和压力，也可能是这种盲目攀比情绪的根源之一。有些父母自身的能力可能不太理想，就将家庭的未来期望寄托在孩子身上，一再强调孩子必须努力学习，将来才能带领一家人扬眉吐气。有些父母还会压制孩子："那是富贵人家孩子才用得起的东西，你不能要！"

类似言论带来的压力，可能会使孩子感到卑微和无助，甚至可能导致抑郁等心理问题。

就这样教育他

方法一：减少攀比，从"我"做起

有时，父母可能会无意识地将自己的孩子与他人孩子做比较。这种行为其实很容易打击孩子的自尊和自信，长期下去，孩子可能会对自己的能力产生怀疑，变得脆弱和敏感。因此，父母要时刻警惕自己的言行：第一，不要拿孩子和别人家的孩子做比较；第二，不要总是在生活中和别人比来比去。因为父母的言行最容易被孩子模仿，而且孩子可能不一定分得出好坏，结果全盘接收了。

另外，父母要引导孩子树立正确的价值观和人生观，要让孩子知道，金钱和物质并不是衡量一个人成功与否的唯一标准，更重要的是品德、责任感和爱心。要让孩子明白，真正的成功在于成为一个对社会有用、对他人有爱的人。

方法二：在条件允许的情况下，适当满足孩子

当然，一味降低孩子的需求标准，会毁灭孩子的优越感，会使孩子认为，他生来就是卑微的，只配使用那些廉价的物品。

父母应根据自己的实际条件，适当地给予孩子需求上的满足，不能总以"咱家没钱，你想多了"等理由，否定、拒绝孩子的请求。

你可以说"既然你喜欢，那么父母就给你买一个稍微好一点儿的。但是爸爸妈妈的确能力有限，更好的东西，需要你长大以后努力去争取哦！"

不要总在孩子面前哭穷，哭穷很伤孩子的自尊心，以及他们的自我认定。

方法三：运用励志故事，激励孩子的豪情壮志

父母可以运用一些励志故事来激励孩子，让孩子知道，家庭环境并不完全决定一个人的前途和命运。类似的故事有很多，古代的、现代的，国内的、国外的，这些故事可以让孩子明白，即使身处逆境，只要不放弃对美好生活的向往和追求，通过努力和奋斗，勇于面对困难和磨难，就有机会改变命运，实现自己的人生价值。

同时父母还要告诫孩子，不要因为家庭背景而感到自卑或者想着得到他人的怜悯或特殊对待，因为这样做，才会真的被人轻视。

孩子因为相貌而自卑怎么办

问题来了

我的女儿今年刚上小学，她是一个非常聪明、善良、有才华的孩子。但是，她对自己的外貌非常不满意，总是觉得自己不够漂亮，在同学中不够受欢迎。她经常问我："妈妈，我为什么不像其他女孩子那样漂亮呢？"

每次听到这个问题，我都感到非常难过，因为我知道这种情绪会对她的成长产生很大的负面影响，我也害怕她会因此变得越发自卑起来，可是，我该用什么方法来扭转她这种负面的心理状态呢？

原因何在

容貌焦虑是青少年中普遍存在的问题，特别是在一些青春期萌动的孩子身上会显现得更为明显。这个时期的孩子开始关注到自己的外貌和身体发育情况，也会和小伙伴们相互比较，看看谁的外貌更吸引人，更惹人关注。

同时，孩子也容易受到外界的评价和父母言论的影响。生活中，一些父母常常会讨论孩子的相貌，比如，眼睛长得不好看，鼻子像个大蒜头……这些言论使孩子更在意自己的样貌，总是刻意去观察自己的体貌特点，无形中会给孩子的心理带来负面影响。让他们觉得自己没有得到父母的认可和夸赞，是因为相貌不好，从而产生容貌焦虑。

就这样教育他

方法一：引导自我认同

父母应引导孩子积极关注自己的内在品质和能力，如乐观向上的生活态度、优秀的学业成绩等。可以问问孩子：班级里那么多同学喜欢和你玩，是因为你长得好看，还是因为你性格和品格好？

让孩子认识到，一个人的外貌并不是衡量一个人优秀与否的标准，帮助孩子建立积极的自我形象，包括如何看待自己的外在、身体和个性特点，等等。

方法二：建设正确审美

父母可以给孩子讲一讲，古往今来那些并不以相貌出众的伟大人物的故事，譬如林肯，让孩子从中学会用自己的审美去评论，告诉他们一个真正美丽的人要有内在美和外在美，不能单一用狭隘的视角以貌取人，更要尝试在自己的生活中对新事物进行挑战、发现自己的特长等，帮助孩子树立自信心。让孩子了解到每个人都有自己的优点和特长，不必过于关注自己的外貌。

方法三：培养孩子的兴趣爱好

过度关注外貌，说明孩子的内心并不充实，父母应该注重孩子的内在品质和能力，帮助孩子发展自己的特长和潜力，鼓励孩子尝试不同的活动和学科，打造他们丰盈的内心。

当孩子对一件事物特别感兴趣时，这个兴趣爱好可以帮助孩子发掘自己的特长和潜力，让孩子感受到自己的潜能和独特之处。当孩子在这些活动中取得进步和成就时，他们会感到非常开心和满足，这种积极的情绪可以帮助孩子逐渐摆脱自卑心态，变得开朗和自信起来。

除此之外，父母应谨言慎行，多关注孩子的优点和长处，给予孩子鼓励和支持，不要谈论他人外貌，尽量避免这个话题。当父母以身作则，在孩子面前展示积极向上、自信乐观的生活态度，便能给孩子树立一个积极向上的榜样，陪伴他们健康快乐地成长。

自我定位不积极，自认没有大出息

孩子自我评价过低怎么办

孩子总是一副自甘堕落的样子，他说："我天生就不是个聪明孩子，无论我怎么做，都不会有好结果，那我为什么还要去做呢？"

作为父母，就算孩子放弃了自己，我也不能放弃孩子，更不能与孩子一起堕落。

我想向大家寻求帮助，希望能够听到你们的声音，了解你们的经验和建议。我想知道，当孩子自我评价过低时，我要如何做，才能够真正帮助他？

原因何在

一些父母觉得孩子没有自己简直不行，事事都要亲自操办，让孩子坐享其成，使孩子的能力无法得到拓展，天赋无法得到发挥。而当孩子做事无法达到他们的要求时，他们又会横加指责："这么简单的事情都做不好，要你有什么用！"

然后继续操办，继续唠叨、指责，甚至是讽刺，周而复始的恶性循环，如秋风扫落叶般，将孩子的自我价值感扫荡得荡然无存。孩子由此认定：正如父母所说的那样，我是个没用的人，既然努力也不会有结果，那我还努力做什么？

就这样教育他

方法一：协同孩子面对挑战

面对难题时，孩子们往往显得无助和迷惘，这时，很多父母第一反应就是迅速介入，为孩子排忧解难。这样的做法虽然暂时缓解了孩子面临的困境，却也阻碍了他独立思考和自主解决问题能力的发展。

更好的方式是，父母坐下来，与孩子一同探讨问题的核心，了解他们的看法和感受。通过开放性的提问，如"你觉得这个问题难在哪里？"或者"你有什么想法去解决它吗？"激发孩子的思考，帮助他厘清思路。然后，协助他设定明确、可执行的目标，并制订一个实际可行的行动计划。这样，孩子在完成任务的过程中，不仅能够提升自信心和责任感，更能体会到父母的关心和支持，从而与父母建立更为紧密的情感纽带。

整个过程中，父母始终要让孩子明白，他是解决问题的主体，负有主要的责任，而父母只是给他打辅助的。

方法二：给孩子创造"我能行"的机会

有自卑感的孩子，往往内心缺乏自我肯定，因此需要父母经常给予孩子肯定和支持。

父母应该尽可能地给孩子创造机会，让他们发挥自己的聪明才智。

比如，孩子喜欢画画，父母可以鼓励他们多参加绘画比赛或者展示自己的作品；当孩子取得成绩时，父母马上给予适当的奖励和支持。

又如，家人开生日会时，可以鼓励他表演一个小节目；周末可以与孩子一同朗诵诗文；也可以让孩子邀请他的好朋友来家里，并且每个孩子都可以进行特长展示。

这样的精神激励，不仅可以增强孩子的自信心，还能让他们学会承担责任与义务。

方法三：不要急躁，陪着孩子慢慢来

当孩子陷入自我认知的低谷，重拾自信与自我需要时间和耐心。作为父母，更要有充分的心理准备，陪伴孩子走过这段旅程，而不是在孩子遇到困境时感到沮丧和失望。

父母需要时刻提醒孩子，无论他走到哪里，无论他经历了什么，父母对他的爱永远不变。而且，更重要的是，父母要通过日常的点滴行动，让孩子深切感受到这份爱。一个拥抱、一个鼓励的眼神、一句关心的话，都是对孩子心灵最好的滋养。

说东往西，不服管，特叛逆

孩子叛逆怎么办

孩子一点点长大，开始表现出一些叛逆行为。我说话他不爱听，有时还与我对抗，甚至会嚷嚷着要离家出走。我知道，这是许多孩子在成长过程中都会出现的情况，但我仍然非常困惑。这样下去，势必会影响我们的家庭关系，而且，我很害怕他事事都与大人较劲，一不小心误入歧途。

原因何在

可能是父母的控制欲过强所致。

有些父母总想让孩子对自己唯命是从。孩子不听话，父母就控制甚至是威胁孩子——"不听话就别……"就像一把枷锁勒在孩子的脖子上，让他喘不过气来。没有人喜欢被控制，每个人都向往自主权与自由，他很小的时候只敢把这种委屈憋在心里，长大一些就会不断抗议。

方法一：强化爱，改善亲子关系

化解对抗最好的技能，是爱。一个充满爱的家庭会使孩子感到安全和被接纳，从而减少孩子叛逆的发作频率。父母需要放下身段，把孩子放在与自己平等的地位上，真心诚意地与孩子交朋友。

方法二：同理倾听，帮助孩子解决问题

拿出同理心，做一个好的倾听者，像孩子的朋友那样，一边拿出真诚倾听的态度，一边诱导孩子说出心中的想法和感受。就像是把水龙头打开，让污水流出来一样，帮孩子打开心结，释放压力。

方法三：我理解你，因为父母有过相似的经历

父母可以将自己曾经的叛逆、古怪、偏执的故事讲给孩子听，说说自己当时的想法以及心理感受，再谈谈为什么现在回头看，感觉自己有些幼稚。这样的交流更容易突破孩子的心理防线，使他们感受到被接纳和理解，并愿意接受父母的建议，去解决问题。与此同时，也就缓和了剑拔弩张的亲子关系。

抗压能力差，遇到问题易焦虑

孩子心理焦虑怎么办

我察觉到孩子最近有些焦虑，他总是显得很烦躁，担心着还没有发生的事情。我能从他的眼神中看到一种不安和迷惘，他的内心好像被一层阴霾笼罩着。

我应该帮他把这片阴霾驱散，可是他并不回应我，也不愿意与我沟通，说得多了，他反而更加狂躁。面对这种情况，我一时间真的不知所措。

有时，父母的期望就像一座山，压得孩子喘不过气来。

望子成龙、望女成凤在所难免，然而并不是每个孩子都适合成龙、成凤，父母不切实际的期望、自我感动式的道德绑架，就像一座大山压在孩子的心上。当孩子无法达成父母的期望时，面对父母的沮丧和唉声叹气，他们必然会产生焦虑。

学习压力就像一把利刃，斩掉了孩子的乐趣。

唯学历论的父母，咄咄逼人的要求就像一把利刃悬在孩子的头上，迫使孩子一直学习、学习、再学习，孩子几乎没有了童年的乐趣，学习成绩也未必让父母满意，他们又怎能不焦虑？

而社交压力则像一张网，困住了孩子们的心灵。

孩子在与同学、小伙伴的交往中，因为自身性格、社交能力等方面的问题，受到了大家的排斥，他们不愿做孤行者，又不知如何融入同龄人的圈子里，同样会产生焦虑情绪。

就这样教育他

方法一：给孩子一点儿缓冲时间

当孩子内心焦虑、情绪萎靡时，当父母的自然希望他能快速振作起来，重新变得勇敢刚毅。然而，父母的急于求成，对于焦虑的孩子来说，无形中又形成一种巨大的心理压力。所以，父母需要给孩子更多的时间，让他们的转变有一个逐步释放和扭转的缓冲过程。

也就是说，父母要留给孩子足够的时间，让他们形成深度思考，将心结逐步解开，并有足够的时间来处理负面情绪。这可能需要一些耐心和坚持，但这是帮助孩子克服焦虑的前提。

在这个过程中，父母要注意与孩子保持适度沟通，可以少一点儿交流，但一定要多一些陪伴，这有助于孩子走出心理阴影。

方法二：给孩子一些贴心鼓励

不要总是说"你看别人家孩子……"这样的话。这种比较不仅会伤害孩子的自尊心，还会增加他们的压力和焦虑。在孩子的成长过程中，他们需要得到父母的支持和鼓励，而不是被指责和贬低。

虽然适当的压力和紧迫感可以激励孩子更好地学习和进步，但是父母需要注意尺度和方法。给孩子制造压力和紧迫感时，要确保这种压力是适度的，不会对孩子造成过大的负担。同时，父母也要注意给孩子提供适当的支持和鼓励，帮助他们重拾勇气，克服困难和挑战。

方法三：重塑孩子的自尊心

每个孩子都有自己的优点，当然，这需要父母去发现。

如果孩子的优点能够被挖掘出来，并且运用得得心应手，孩子一定会产生自豪感和成就感，自尊心由此开始了重塑过程，自信心也会在这个过程中被不断强化，当压力、挫折再度来临时，孩子也会有足够的心理底蕴去对抗它。

孩子的优点比比皆是，如语言天赋（唠叨）、动手能力（拆家）、想象力（喋喋不休）、逻辑思维（问题一大堆）、好奇心（追问）、细心（较真儿）、善良（总吃亏）等，关键是，父母是愿意把它当成孩子的优点，并且着重培养，还是把它当成一种"令人讨厌的能力"。

喜欢较真儿，一头钻进牛角尖

孩子爱钻牛角尖怎么办

我家孩子是个小固执，对一些事情特别较真儿，总是钻牛角尖。他难以从全局看待问题，让人担心他将来如何应对生活的挑战。真心希望大家能够给我一些建议，让我知道如何去转变孩子的思维习惯，培养出他的灵活性和创造力。

原因何在

可能是孩子的思维模式问题。

有些孩子的思维模式不够灵活，缺乏创造性思考。在遇到问题时，他们觉得"两点之间一定直线最短"，不会去考虑通过变通的方式来实现目标。因此，喜欢这样的思维导致孩子在处理问题时容易陷入死胡同，也就是其父母所说的，爱钻牛角尖。

也可能是父母的教育心态问题。

有些父母，对于孩子的控制甚至达到了病态的程度，小到鞋带系成什么样式都要监管，达不到要求就会被斥责。这种苛刻的教养方式导致孩子认为，凡事必须一板一眼，按照既定规则进行，有意见也不容人反驳，于是，越发地固执己见，难以变通。

就这样教育他

方法一：改变教养方式，培养综合素质

当孩子变得固执己见时，父母应当首先反思并改变自己的教育方式。对孩子的要求应当避免过于苛责，不要刻板严格，强求孩子按照既定的规则行事。每个孩子的发展水平和能力都有所不同，父母应该尊重这种差异，并关注孩子的全面发展。

为了培养孩子的综合素质和潜力，父母在教育过程中应该鼓励孩子尝试新事物、拓宽视野，提供丰富的资源和支持。通过引导和支持，父母可以帮助孩子发现自己的兴趣爱好和优势，激发他们独立思考的内在动力，使孩子慢慢成为具有创新精神和实践能力的人。

方法二：提供多元化体验，提升思考格局

人的思考格局不是天生的，主要取决于他们的生活环境，以及年幼时父母的引导。对于那些爱钻牛角尖的孩子，父母可以多带他们去不同的地方，接触不同的人和事物，让孩子在多样化的体验中拓展自己的思维。例如，可以带孩子参观博物馆、艺术展览馆、科技馆等，让他们了解不同领域的知识和文化，激发他们的好奇心和探索欲望。

如果上面的条件不允许，阅读也是培养多元思维的一个有效方法。

父母可以选择不同类型的书籍丰富孩子的阅读体验，如历史、科学、哲学、文学等领域的书籍。此外，也可以通过带领孩子参加读书俱乐部或者阅读小组等活动，促进孩子与他人分享阅读体验和心得。这些方法都可以帮助孩子拓展思维、提高思考灵活性，帮助他们更好地应对学习和生活中遇到的问题。

方法三：引导思考程序，促进发散思维

受传统思维方式的影响，许多孩子在面对问题时往往倾向于从正面切入。这种思维方式不能说不对，但的确带有一定的局限性。

要改变孩子看待问题单一、喜欢较真儿的情况，父母就要有意识地训练孩子从多个角度去看待问题。例如，引导孩子尝试从问题的反面或对立面来寻找答案，将问题颠倒过来思考、寻找解决问题的突破口，等等。让孩子尝试根据已有的线索和信息进行推理和猜想，从而挖掘出问题的本质。他就会明白，问题为什么会出现，别人为什么这样做，为什么和自己的想法不一样，怎样解决问题才是最优解。

习惯了这样的思维方式，孩子自然不会再那么偏激、固执。

思想消极，看待问题很悲观

孩子心理悲观怎么办

　　我家孩子的主要问题不在学习上，而是心理问题，他的内心悲观，对周围的事物持消极态度，常常陷入自责和自我否定的情绪中。他拒绝与外界进行过多交流，不愿意与同学互动，经常把自己封闭在一个人的世界里。我真的非常担心他，每天都十分焦虑，可又感觉力不从心。孩子的爸爸在国外，对教育孩子的事情也帮不上忙。我该怎么办才好呢？

原因何在

　　情绪是人类在生存环境中体验到的一种感受，它包含了许多复杂的因素。这些因素既有先天的因素，也有后天因素，尤其是社会因素。

　　在先天因素方面，有些孩子天生就有一双"忧郁的眼睛"。他们日常不爱说话，想法比较复杂，心情总是不美丽，看什么都像悲剧。这些孩子可能天生对情绪的感知偏向负面，容易看到事情不理想或不完美的地方，对未来充满担忧。

除了先天因素，后天因素的影响也不容忽视。在孩子的成长过程中，如果他们感觉亲情缺失，如果家中总是充斥着暴力，如果他们不被允许充分表达自己的想法，如果缺乏父母的正确和适当引导，就可能导致孩子的心理悲观问题。

就这样教育他

方法一：用孩子的方式与孩子聊一聊

悲观的孩子本身就是有点儿多愁善感的，他们可能会因为一只小虫子的死亡而痛哭流涕，或者因为乌云密布而沉默不语。面对孩子这种莫名的伤感情绪，有些父母可能会用一句"这有什么好难过的"来试图安慰孩子。然而，这样做可能会让孩子觉得自己的情绪被否定，长此以往，他们可能会选择将心事埋藏在心底，不再与父母分享。

因此，我们需要用心倾听孩子的内心世界，不妨将自己也当成个孩子，与他们充满童趣地聊一聊，孩子的情绪容易被转移，也许几句话的工夫，便会乌云散尽。

方法二：引导孩子看向事物的正面

生活中的问题总是有着正反两面，而悲观的孩子的注意力更容易被负面事物吸引。但是，若父母能够帮助孩子转变视角，引导他们多看看事情的阳光面，那么他们的世界就会变得明朗起来。

例如，当孩子因为雨天不能出去玩而感到沮丧时，父母可以提醒他，雨水可以为植物带来生机，使大自然更加绿意盎然。

再者，父母也应该鼓励孩子多关注他人的优点和闪光点。每个人都有其独特之处，而学会欣赏他人，不仅能够拓宽孩子的视野，更能培养他们换位思考的能力，以及宽容豁达的性格。例如，当孩子在学校与同学发生矛盾时，父母可以引导他们去发现对方的长处，这样不仅能够化解矛盾，还能够增进彼此之间的友谊。

方法三：现身说法增强直观体验

为了更直观地让孩子体会乐观心态所带来的好处，父母要以身作则，成为孩子效仿的榜样。父母可以与孩子分享自己的工作和生活经验，让他们看到无论面对何种困境，只要保持积极和乐观，总能够找到解决问题的方法。

例如，妈妈可以告诉孩子自己在面对工作压力时是如何保持积极心态的，以及如何通过寻求他人的帮助来找到解决问题的方法。同时，妈妈也可以让孩子看到自己在工作中所获得的成就和经验，让孩子知道只有积极面对生活和工作，才能够获得更多的成功和快乐。借此将孩子培养成有韧性、自信的人。